中华文化年表

许嘉璐 监制

赵玉敏 岳思聪 陈虎 编

中华书局

图书在版编目（CIP）数据

中华文化年表/许嘉璐监制；赵玉敏，岳思聪，陈虎编. —北京：中华书局，2017.7
ISBN 978-7-101-12522-1

Ⅰ.中…　Ⅱ.①许…②赵…③岳…④陈…　Ⅲ.中华文化-历史年表　Ⅳ.K208

中国版本图书馆 CIP 数据核字（2017）第 064726 号

书　　　名	中华文化年表
监　　　制	许嘉璐
编　　　者	赵玉敏　岳思聪　陈　虎
责任编辑	陈　虎
出版发行	中华书局
	（北京市丰台区太平桥西里 38 号　100073）
	http://www.zhbc.com.cn
	E-mail:zhbc@ zhbc.com.cn
印　　　刷	北京市白帆印务有限公司
版　　　次	2017 年 7 月北京第 1 版
	2017 年 7 月北京第 1 次印刷
规　　　格	开本/710×1000 毫米　1/16
	印张 14½　字数 200 千字
印　　　数	1-10000 册
国际书号	ISBN 978-7-101-12522-1
定　　　价	58.00 元

《中华文化年表》出版说明

一、《年表》编撰的目的是帮助广大读者更便捷地学习中华传统文化知识，为读者系统掌握中华文化提供一个快捷法门。

二、《年表》的编写主要依据《辞海》（第六版）、《辞源》（第三版）及詹子庆主编《新编中国历史大事年表》等。

三、《年表》以历史发展大势为线索，详于科学技术、思想文化及社会生活诸方面。

四、《年表》不分为古代史与现代史或奴隶社会与封建社会等，综合反映中华文化的发展历程。

五、时间坐标仅作示意，始于上古，终于1919年。一些条目并不仅限于确切系年，内容详略也未作硬性统一，一切以方便使用者为宗旨。

六、表中以红色圆点标识时间坐标，绿色标识时间。

七、为方便读者使用该表，正文之后附有"依首字音序"编排的人物、事项索引。

八、《年表》编写过程中，吸收了学界众多研究成果，在此谨表谢意！因编者学术素养局限，表中定有不妥之处，企望大方之家不吝赐教。

编者
2017 年 1 月

目　录

● 约七八百万年前，人类由类人猿进化而来。在今云南禄丰发现的距今约七八百万年的类人猿化石，是我国境内最早的类人猿化石。

● 距今约 300—200 万年前，黄河尚未形成，今天的黄土高原是森林和草原。

距今约 180—10 万年，旧石器时代早期，以打制石器为主要工具，基本不知道磨制石器。

人种是直立人。

会使用和管理火。

古人类遗址有元谋猿人、蓝田猿人、北京人。 ●

距今约 170 万年，元谋人，牙齿化石为 1965 年发现于今云南元谋上那蚌村，定名为"元谋直立人"，地质时代属更新世早期。 ●

100万	50万	10万

● 距今约 100 万年，蓝田人，1964 年发现于今陕西蓝田，定名为"直立人蓝田亚种"，旧石器时代早期人类，属早期直立人，地质时代属更新世中期。

距今约 70—20 万年，北京人，1929 年发现于今北京房山周口店，地质时代属更新世中期。先后发现六个较完整的头骨化石以及大量的头骨碎片、动物化石、烧骨、灰烬，是迄今为止我国境内发现的资料最丰富的旧石器时代早期遗址。北京人还保留着猿的某些特征，但手脚分工明显，能制造和使用工具。●

距今约 28 万年前，金牛山人，1984 年发现于今辽宁营口金牛山，头骨已接近现代人。●

距今约 20—15 万年，大荔人，1978 年发现于陕西大荔。旧石器时代的早期智人，时代为中更新世末期。●

距今约 20 万年前，丁村人，1954 年发现于山西襄汾丁村。属于晚更新世早期的旧石器时代遗存，介于北京猿人与现代黄种人之间。石器加工更细，技术比北京猿人有显著的提高。●

距今约 19.5 万年，长阳人，1956 年发现于湖北长阳，是长江以南最早发现的远古人类之一，既具有现代人的特征，也有一定程度的原始特征，为更新世后期的古人类化石。长阳人的发现，也进一步否定了"中华文明西来说"。●

距今 13—12 万年，马坝人，1958 年发现于广东韶关马坝镇。马坝人头骨与现代人不同，呈卵圆形，无顶骨孔，眼眶上缘为圆弧形，鼻骨相当宽阔，为介于中国猿人和现代人之间的一种古人类型，属早期智人，是直立人转变为早期智人的重要代表。●

● 距今约 10—5 万年，人类进入旧石器时代中期，人种属早期智人，脑盖较薄，脑容量较大，动脉枝较复杂。

颧骨较为前突，眉嵴较平直而非前突弧状，与欧洲、非洲、西亚的早期智人明显不同，显示出蒙古人种的某些特征。地质时代属中更新世末、晚更新世初。

打制石器技术提高，形状较为规整，种类增多，类型固定。

传说中的伏羲氏时代。

● 距今约 10 万年，许家窑人，1974 年发现于山西阳高许家窑村。其头骨骨壁的厚度、牙齿粗大和嚼面复杂的程度都像北京人。但更多的特征与早期智人相同。脑容量估计比北京人大。

● 距今约 10—5 万年，丽江人，1956 年发现于云南丽江。地质年代为更新世晚期，旧石器时代，晚期智人。头骨形态与现代人十分接近，具有明显的蒙古人种特征。

100万	50万	10万

50000	30000	20000

● 距今约 5—1 万年，地质时代为晚更新世晚期。

人类体质已进化为晚期智人。世界三大人种基本形成。中国境内的人类化石全部属于原始蒙古人种，是我们的直系祖先。

出现细石器，骨角器大发展，装饰品出现。

● 距今约 5—4 万年，草湾人，1954年发现于江苏泗洪下草湾。介于北京猿人与现代人之间，与北京周口店山顶洞人十分相近，属晚期智人，为北京猿人的后裔，是现代中国人的祖先之一，社会形态则由母系制的开始阶段进入到确立阶段。

● 距今约 5—4 万年，柳江人，1958年发现于广西壮族自治区柳江。地质年代属更新世晚期，晚期智人，为蒙古人种一个南方属种的典型代表，是距今为止在中国发现的最早的现代人活化石。

● 距今约 5—3.7 万年，河套人，1922 年发现于今内蒙古自治区伊克昭盟乌审旗萨拉乌苏河（又名"无定河"或者"红柳河"），旧石器时代晚期，体质特征接近于现代人，属晚期智人。石器只经过简单捶击法加工，体积极小，主要为刮削器、钻具、尖状器和雕刻器。

● 距今约 5—3 万年，新泰人，1964年发现于山东新泰。属更新世晚期，人类化石为智人，处于旧石器时代晚期阶段，为目前在山东境内发现的最早的现代人，是新石器时代东夷人的祖先，而东夷人创造了以龙山文化、大汶口文化为代表的东夷文化。

● 距今约 3—2 万年，左镇人，1971年发现于台湾台南左镇。是迄今台湾省发现的最早的人类化石，属于旧石器时代晚期的现代人种。

● 距今 35000 年，资阳人，1951 年发现于四川资阳。地质时代为晚更新世。

● 距今约 3—2 万年，安图人，1964年发现于吉林安图的一个洞穴中。地质时代为晚更新世，旧石器时代晚期，属晚期智人。

距今约 18000 年，山顶洞人，1930 年发现于北京周口店龙骨山的山顶洞穴里。山顶洞人处于母系氏族公社时期，女性在社会生活中起主导作用，按母系血统确立亲属关系。●

50000	30000	20000

中华文化年表

● 约公元前15000年，传说中燧人氏发明了"钻木取火"，还发明了"结绳记事"，立传教之台，兴交易之道。

● 距今约10000年，人类进入中石器时代，为旧石器时代向新石器时代的过渡阶段。
地质时代进入全新世时期，最后一次冰期结束，气候逐渐变暖。
发明了弓箭。
驯化了狗。

● 距今约10000年左右，沙苑遗址，1973年发现于陕西大荔。属中石器时代遗物，是黄河流域原始农业和原始畜牧业萌芽之地。

● 公元前10000—公元前3500年，人类进入新石器时期。出现了长期定居的村落。会烧制陶器。开始了原始农业和饲养家畜。

● 约公元前7724年，传说伏羲发明八卦，结绳为网，发明乐器瑟，创作《驾辨》曲子。
1962年，河南舞阳贾湖遗址发现中国目前最早与文字起源有关的实物资料——甲骨契刻符号，还出土三十余支骨笛。

公元前7000—公元前6000年，在今湖北、湖南的长江中游发现了丰富的水稻栽培遗址。
淮河上游稻作农业与渔业、畜牧业并重，为同期栽培水稻的最北地区。
甲、骨、陶、石上出现契刻符号，可能与文字的雏形有关。●

-6000   -5500   -5000

● 公元前6000—公元前5000年，老官台文化，1960年最早发现于陕西华县老官台，主要分布在陕西、甘肃境内的渭河流域。包括两个阶段：前期以大地湾一期为代表，年代约为7300年之前；后期以北首岭下层为代表，年代约为7300—7000年前之间，两个阶段均早于仰韶文化。为早期新石器文化，已经种植粟类作物，并饲养猪、狗等家畜，过着定居的聚落生活。

● 公元前6000年左右，裴李岗文化，1977年发掘于河南新郑裴李岗。黄河中游地区的新石器时期文化，从事以原始农业、手工业和家畜饲养业为主的氏族经济生产活动。

● 公元前5400—公元前5100年，磁山文化，1933年首次发现于河北武安磁山。与裴李岗文化关系密切，是世界上粟、家鸡和中原核桃最早发现地。约早于仰韶文化1000年

● 公元前5400—公元前4400年，北辛文化，1964年发现于山东滕州北辛村。为山东最早的新石器时代遗址，也是母系氏族社会最为繁盛阶段，比大汶口文化早一千多年。出土的一件陶器，其底部发现了一对酷似鸟足的刻画符号；江苏高邮龙虬庄遗址出土的磨光泥质黑陶盆口沿残片，上刻有八个类似文字的刻画符号。龙虬庄陶文可能是早于甲骨文的一个文字体系，其文字组合已比较成熟，似成词语，并已脱离了早期发现的如仰韶、良渚等遗存的单个字节，更接近成熟的甲骨文。

● 公元前5000年，大地湾遗址，1958年首次发现于甘肃秦安大地湾，出土陶器上发现十多种刻划符号；陕西宝鸡金台北首岭遗址出土的彩陶钵、鹅蛋形三足罐和双联鼎等，都属于炎帝神农氏文化。贵州安顺关岭红崖丹书，似篆非篆，也非甲骨文，有论者认为系炎帝族自六盘山南下四川→贵州→云南的共工支所留族谱。

● 公元前5000—公元前4000年，马家浜文化，1959年发现于浙江嘉兴马家浜。主要分布在太湖地区，南达钱塘江北岸，西北到江苏常州一带，到公元前4000年左右发展为崧泽文化。从事定居的农业和渔猎。家畜有猪、狗、水牛。石器磨制和木作技术较高。

● 公元前5000—公元前3300年，河姆渡文化，1973年第一次发现于浙江余姚河姆渡。主要分布于宁绍平原及舟山岛。定居农业，有狗、水井，会纺织，积存稻谷。有船、桨。烧制黑陶。会用生漆。

● 公元前5000—公元前3000年，仰韶文化，1921年首次发现于河南渑池仰韶村。黄河中游地区新石器时代一种重要的彩陶文化（分为半坡类型，约公元前5000年；庙底沟类型，约公元前4000年）。分布于今关中、晋南、豫西等地区。公元前3500年，进入繁荣期。属于锄耕农业，兼营渔猎。以粟为主，也有黍、稻。饲养猪、鸡等。制陶技术成熟，彩陶尤为发展。

-6000   -5500   -5000

−4600	−4300	−3500

● 约公元前 4513 年，传说黄帝命史官沮诵、仓颉始造文字，又因卿云而作云书。黄帝时，有葛天氏之乐。

红山文化属黄帝族文化。相传黄帝死，颛顼为帝，改革宗教，"绝地天通"。此后又历帝喾、尧、舜、禹，实行王位禅让制。

公元前 4400—公元前 3300 年，大溪文化，1959 年发现于今重庆巫山大溪。主要分布在峡江地区和两湖平原，长江中游鄂西、渝东山地丘陵地区，洞庭湖周围和江汉平原的一部分。以稻作农业为主，但渔猎仍很重要。饲养猪、牛、羊、鸡等。会制白陶和薄胎彩陶。●

● 公元前 4300—公元前 2500 年，大汶口文化，1959 年首次发现于山东泰安大汶口。新石器时代晚期遗存，主要分布区于山东、苏北、皖北和豫东的汶河、泗河、沂河、淄河、淮河下游的广大地区。以种植粟为主。居民饲养猪、狗等家畜，也从事渔猎和采集。制陶业较发达，有泥质、加砂陶，早期以红陶为主，晚期灰、黑比例上升，并出现白陶、蛋壳陶，手制为主，晚期发展为轮制陶器。大汶口文化渊源于北辛文化，后继为山东龙山文化。该文化居民的种族，一般认为是古代东夷族。开始或已经进入了父系氏族社会。

约公元前 4050 年，传说少昊氏以鸟为图腾，作鸾凤书，文章衣物，取以为象。

山东大汶口文化和江苏连云港云台山将军崖岩刻文字、天文历法属少昊文化。

仰韶文化早期庙底沟文化、河南仰韶文化大河村类型是颛顼、谨兜族文化。●

公元前 4000—公元前 3000 年，红山文化，1921 年发现于内蒙古自治区赤峰市红山。分布以辽河流域的支流西拉木伦河、老哈河、大凌河为中心，北起内蒙古中南部地区，南至河北北部，东达辽宁西部，处于母系氏族社会的全盛时期，晚期逐渐向父系氏族过渡。主要从事农业，兼以牧、渔、猎，饲养猪、牛、羊等家畜。彩陶与"之"字形纹陶器共存，兼有细石器。●

● 公元前 3500—公元前 2800 年左右，薛家岗文化，1979 年发现于安徽潜山薛家岗。分布于大别山以东、巢湖以西的江淮之间，扩及鄂东和赣北部分地区。早期处在母系氏族社会向父系氏族社会的转变时期。上受黄河下游诸多文化影响，晚期又综合了长江下游地区各文化因素。

公元前 3300—公元前 2000 年，良渚文化，1936 年发现于浙江杭州的良渚。分布在江苏南部、浙江北部从太湖到钱塘江周围一带，从河姆渡、马家浜文化衍续而来。发现大量玉器，陶器也相当细致。犁耕，水稻栽培、饲养家畜（水牛、犬、羊）相当发达。是长江下游最早的新石器文化。●

公元前 3300—公元前 2900 年，马家窑文化，1923 年首先发现于甘肃临洮的马家窑村，是仰韶文化向西发展的一种地方类型，主要分布于黄河上游地区及甘肃、青海境内的洮河、大夏河及湟水流域一带。彩陶文化，种植粟、黍，饲养猪、狗、羊等家畜。●

公元前 3300—公元前 2600 年，屈家岭文化，1955 年至 1957 年发现于湖北京山屈家岭。长江中游地区的新石器文化，上承大溪文化末期，下接石家河早期。主要分布于湖北、河南西南部、湖南澧县。以种植水稻为主，家畜以猪、狗为主，出现了彩陶纺轮。●

-3000　　　　　　　　-2500　　　　　　　　-2000

●公元前2697年，传说中的黄帝纪元元年。传说轩辕黄帝与炎帝战于阪泉，与蚩尤战于涿鹿，代神农氏。

公元前2600—公元前2000年，石家河文化，1955年发现于湖北天门石家河镇。主要分布在湖北及豫西南和湘北一带，最北处可扩展至黄河南岸的郑、洛地区。为承袭屈家岭文化演变而来。已经发现有青铜铜块、玉器、祭祀遗迹、类似于文字的刻划符号和城址，表明此时已经进入文明时代。●

公元前2600—公元前2000年，龙山文化群，1928年发现于山东章丘龙山镇。分布于今黄河中下游地区，玉器制作颇具特色，有铜器和冶铸遗存。掌握了夯筑、制作土坯、烧制石灰等。由大汶口文化发展而来，是山东、苏北自成体系的文化区。

仰韶文化庙底沟二期文化和早期龙山文化是帝喾文化，典型的龙山文化是帝尧、舜、禹文化。

尧时，有《击壤歌》《康衢歌》《尧戒》，舜时，有《卿云歌》《赓歌》《南风歌》《舜祠田歌》。禹时，涂山氏之女歌"候人兮猗"，此乃南音之始。●

●约公元前2500—公元前1000年，三星堆文化，1933年最早发现于四川广汉，遗址遍布成都平原。是夏人的一支从长江中游经三峡西迁成都平原、征服当地土著文化后形成的古蜀文化遗存，同时西迁的还有鄂西、川东峡区的土著民族。

●公元前23世纪，传说中的帝尧命羲、和观测天象，制定历法，以366日为一年，置闰月以正四时。

公元前21世纪—公元前17世纪，二里头文化，20世纪50年代发现于河南偃师二里头。介于中原龙山文化和二里岗文化之间，为青铜时代文化，分布于河南郑州附近及山西汾水下游一带。炊器、石器、容器、饮器等为其主要文化特征。居舍有半地穴、地面建筑和窑洞等，以农业为主，饲养家畜有猪、狗、鸡、马、牛、羊等。●

约公元前2070年，大禹之子启得帝位，夏朝开始。统治区域在今河南西部和山西南部，属河南龙山文化晚期第二阶段。

启时，传说有乐舞《九韶》《九辩》《九歌》等。●

●公元前2000年，印欧人迁徙至中亚地区，并深入至我国的塔里木盆地。在我国新疆考古发掘中，曾出土过带有印欧人特征的坟墓。

●公元前1900年前后，太康失国，后羿代夏。相传兄弟五人止于洛，作《五子之歌》。孔甲时，传说有《破斧歌》，此乃东音之始。又有《盘盂铭》二十六篇。

公元前1600年，汤灭夏，建立商朝。共传17代31王。传说汤祷桑林，舞《大濩》，歌《晨露》。●

公元前1610—公元前1560年，郑州商城和偃师商城建。面积约二十五平方公里。已发现总长近七公里的城墙和断续五公里的外城墙。偃师商城有大城、小城和宫城，有宫殿遗址、水池和铸铜作坊。●

公元前1600—公元前1300年，二里岗文化，1950年于河南郑州老城东南二里岗遗址首次发现。是介于二里头夏文化、殷墟晚商文化之间的一种早期青铜时代文化，相当于商王成汤至盘庚迁殷之前二十位商王在位的时间。●

-3000　　　　　　　　-2500　　　　　　　　-2000

●公元前 1300 年，盘庚迁都于殷（今河南安阳小屯村）。殷墟遗址 1928 年正式发掘，遗址有二十四平方公里，发现大量刻有文字的龟甲和兽骨。甲骨文是现存最早、最成熟的文字。

●公元前 1250—公元前 1192 年，商王武丁在位五十九年，史称"武丁盛世"。

●公元前 1250—公元前 650 年，金沙遗址。2001 年发现于四川成都西郊金沙村，为商代晚期至西周时期的文化遗址，约等于三星堆文化的最后一期，为古蜀文化的一次政治中心转移。

●公元前 1191—公元前 1148 年，商王祖庚、祖甲、廪辛、康丁时期。

公元前 1147—公元前 1113 年，商王武乙时期。●

公元前 1112—公元前 1102 年，商王文丁时期。商王文丁为母戊作司（后）母戊大方鼎。●

公元前 1101—公元前 1076 年，商王帝乙时期。《诗经·商颂》有《那》《烈祖》《玄鸟》《长发》《殷武》五篇商时作品。一说前三篇《那》《烈祖》《玄鸟》为祭祀乐歌，产生时间较早。后二篇《长发》《殷武》歌颂的是宋襄公（前 650—前 637 在位）伐楚的胜利，产生时间较晚。●

公元前 1056 年，周文王卒。相传文王被殷纣拘于羑里（今河南汤阴北），演《周易》，成六十四卦。●

公元前 1048 年，周武王东观兵于孟津，诸侯不期而至者八百。●

公元前 1046 年，牧野之战，周武王灭商，建立周朝，都镐京，史称"西周"。

箕子向武王陈《洪范》。

武王伐纣后，周公作《大武》舞，有六章歌词与之相应，据说为《诗经·周颂》之《昊天有成命》《武》《赉》《般》《酌》《桓》。

武王时，有利簋，器内底铸铭文四行三十三字。天亡簋，器底有七十八字铭文。●

公元前 1042 年，周武王卒，周成王元年，周公摄政，召公不悦，周公作《君奭》。管叔、蔡叔以武庚叛。●

公元前 1041 年，周公东征，诛管叔、武庚，放蔡叔。●

公元前 1037 年，成王大规模营建成周，迁殷遗民。●

公元前 1035 年，周公还政于成王。周公卒，葬于毕。《尚书·周书》之《康诰》《召诰》《洛诰》《大诰》《多士》《无逸》《立政》等篇记周公之言论。周初分封诸侯七十一国，姬姓占五十三个。封楚人首领熊绎为子爵，建楚国。●

公元前 1020 年，成王将崩，命召公、毕公相太子，作《顾命》。周康王即位，作《康王之诰》。●

-1000　　　　　　　　　-900　　　　　　　　　-800

● 公元前998年，铸大盂鼎，刻有记事铭文291字。

● 公元前996年，周昭王元年。

● 公元前995年，铸小盂鼎，刻有记事铭文达四百余字。昭王南征而不返，有静方鼎记载此事。

● 公元前976年，周穆王元年。穆王时，西征犬戎。

是时，命吕侯作《吕刑》。

公元前922年，周共王元年。史墙盘当作于此时。●

● 公元前899年，周懿王元年。懿王在位期间，王室衰微，戎狄交侵，诗人作刺。师虎簋、曶鼎等器当作于此时。

● 公元前891年，周孝王元年。使非子牧马于"汧渭之间，马大蕃息"，乃封之于秦（今甘肃天水西南），为周附庸。散氏诸器当作于此时。

● 公元前885年，周夷王元年。

夷王烹齐哀公于鼎，伐太原之戎。王臣簋、师兑簋、宰兽簋等当作于此期。

● 公元前877年，周厉王元年。厉王时，荣夷公专利，国人谤王，使人监谤。国人莫敢言，道路以目。散氏盘当作于厉王时。

公元前841年，厉王暴虐，"国人暴动"。

共和元年，中国有确切纪年的开始。●

公元前827年，周宣王继位，在位四十六年，史称"宣王中兴"。●

公元前823年，尹吉甫反攻猃狁至太原。铸兮甲盘，内底铭文133字记其事。宣王时的毛公鼎，鼎内铭文32行，499字。逨盘近400字。

《诗经》之《周颂》和《大雅》《小雅》及《豳风》均为西周时作品。●

● 公元前781年，周幽王继位（前781—前771年在位）。

● 公元前780年，镐京地震，伯阳父以阴阳之说论西周将亡。

● 公元前776年，《诗经·小雅·十月之交》记载了世界上最早的日食。

● 公元前771年，少数部族犬戎攻破镐京，西周灭亡。

● 公元前770年，周平王元年，平王迁都洛邑（今河南洛阳），史称"东周"。秦襄公以护送平王东迁，被封为诸侯，赐以岐以西之地。

公元前766年，约在此年之前，《石鼓文》成，上用籀文各刻四言诗一首，又称"猎碣"（此处从郭沫若《石鼓文研究》所主"秦襄公说"）。

● 公元前753年，秦初设史官记事。

公元前746年，秦国始用族诛刑罚。●

公元前722年，《春秋》记事始于此年。郑伯克段于鄢。●

公元前720年，周桓王继位，周郑交质。郑祭足帅师取温之麦；秋，又取成周之禾，周郑交恶。●

公元前704年，熊通僭越称王，是为楚武王。●

-1000　　　　　　　　　-900　　　　　　　　　-800

●公元前 687 年，恒星不见，星陨如雨。此为天琴星流星雨最早的记录。秦初县杜（今陕西西安东南）、郑（今陕西华县东）。

●公元前 685 年，齐桓公继位，任管仲为相，"叁其国而伍其鄙"，制国为二十一乡，作内政而寄军令，相地而衰征，定以甲兵赎罪之制。

●公元前 684 年，曹刿论战，败齐师于长勺。

●公元前 679 年，齐桓公（前 685—前 643 在位）始称霸。

●公元前 678 年，秦武公卒，初以人从死。

●公元前 677 年，秦初居雍城（今陕西凤翔东南）。

●公元前 672 年，陈公子完因内乱奔齐，齐桓公使为工正。

●公元前 670 年，鲁国红漆桓公庙柱，雕刻屋椽，呈现出新的建筑装饰风格。

公元前 660 年，卫懿公好鹤，狄人灭卫。许穆夫人作《载驰》。●

公元前 658 年，卫文公徙居楚丘城，迁百姓于此，国人欢悦，作《定之方中》。●

公元前 655 年，测知冬至时日，为确定回归年长度提供了定量数据。●

公元前 651 年，齐桓公大会诸侯于葵丘，霸业达到顶峰。●

●公元前 647 年，晋饥，秦输粟，"泛舟之役"。

●公元前 645 年，齐管仲（？—前 645）卒。称"春秋第一相"。有《管子》八十六篇，今存七十六篇，多为后人伪托。晋作爰田、作州兵。

公元前 638 年，秦、晋迁陆浑之戎于伊川。宋襄公图霸，遭楚成王击败于泓（今河南柘城西北）。●

公元前 636 年，秦穆公送重耳回国，是为晋文公。

●公元前 633 年，晋作三军。

公元前 632 年，晋文公（前 697—前 628 在位）于"城濮之战"大败楚军，召周襄王会于践土（今河南原阳西南），称霸中原。●

公元前 630 年，晋、秦围郑，郑大夫烛之武退秦师。●

公元前 627 年，秦穆公在秦、晋"崤之战"后作《秦誓》，此为《尚书》年代最晚之文章。●

●公元前 624 年，秦穆公用由余谋，伐西戎，开地千里，遂霸西戎。

●公元前 621 年，秦穆公任好卒，以子车氏之子奄息、仲行、缄虎"三良"等一百七十七人殉葬，国人作《黄鸟》以哀之。

公元前 613 年，彗星现。《春秋》中在世界上第一次记录了这一哈雷彗星现象。●

公元前 606 年，楚庄王伐陆浑之戎（今河南嵩县），问鼎中原。楚庄王时有优孟，曾扮演演过已故令尹孙叔敖，此是史载我国最早的演剧活动。

《越人歌》《楚人歌》等楚地歌谣约产生于这一时期，楚庄王时大夫庄辛言及鄂君子皙请人将《越人歌》译为楚语。●

−600　　　　　　　　　　−575　　　　　　　　−550

● 公元前 599 年，陈夏徵舒杀陈灵公，陈人作《株林》刺灵公。

● 公元前 596 年，晋国伐卫，卫屈于晋。时留戍陈、宋之卫国士兵，因悲观绝望，作《击鼓》诗。

● 公元前 595 年，基本确立十九年七闰之法。

● 公元前 594 年，鲁国"初税亩"。

● 公元前 590 年，鲁国"作丘甲"。

● 公元前 589 年，齐、晋"鞍之战"。

公元前 581 年，秦医缓为晋景公治病，诊断为"病入膏肓"。●

公元前 579 年，晋楚盟和，为春秋时期第一次弭兵会盟。●

公元前 578 年，晋侯使吕相绝秦，作《绝秦文》，为后世檄文之滥觞。●

● 公元前 575 年，晋、楚"鄢陵之战"，楚败。

● 约公元前 571—公元前 471 年，道家学派创始人老子在世。

● 公元前 562 年，鲁作三军，三桓三分公室。

公元前 558 年，宋子罕论不以玉为宝。

公元前 555 年，晋率诸侯围临淄，焚郭中而去。●

● 公元前 549 年，鲁叔孙豹如晋，为范宣子言"不朽"。楚为舟师以伐吴。

● 公元前 548 年，楚"书土田，度山林"，"量入修赋"。

● 公元前 544 年，吴公子季札礼聘于列国，于鲁观周乐，乐工奏《周南》《召南》诸国风及《大雅》《小雅》等乐曲。《诗经》于此时已大致编定。

● 公元前 542 年，郑子产不毁乡校，使民有议论时政之处。

公元前 541 年，秦医和论病所由生，提出阴、阳、风、雨、晦、明病理理论，是后来形成风、寒、暑、湿、燥、火"六淫病源"说的基础。其"阴淫寒疾，阳淫热疾"，是后世"阳盛则热，阴盛则寒"病变学说的先导。●

● 公元前 540 年，晋国使韩起（宣子）聘鲁，见《易象》《鲁春秋》，曰："周礼尽在鲁矣。"

公元前 538 年，楚伐吴。郑子产作丘赋。●

公元前 537 年，晋楚联姻，晋楚百年争霸结束。鲁四分公室，季氏择二。●

公元前 536 年，郑国子产铸刑鼎，刊布成文法。●

公元前 535 年，楚为章华之宫。

公元前 532 年，齐栾高氏败出亡，陈氏始大。●

−525	−500	−475

● 公元前 525 年，郯子朝鲁，答鲁问少皞氏以鸟名官之故。晋灭陆浑之戎。

● 公元前 524 年，子产论"天道远，人道迩"。周景王铸大钱。

● 公元前 522 年，先秦法家的先驱子产（？—前 522）卒，孔子泣赞为"古之遗爱"。楚杀伍奢父子，伍子胥奔吴。孔子约在此时前后始收徒讲学。

● 公元前 516 年，周王子朝奉周朝典籍以奔楚。

● 公元前 513 年，晋史墨论龙及五行之官。晋赋一鼓铁，铸范宣子刑书。

● 公元前 512 年，孙武以《孙子兵法》谒吴王阖闾，被封为将。吴用伍子胥"疲楚"之计。

● 公元前 511 年，史墨阐述"火生金"说，开启五行相胜说先河。

● 公元前 509 年，孔子为鲁司寇。

公元前 506 年，吴、楚"柏举之役"，楚败，吴王阖闾攻占楚都郢，申包胥入秦乞师，哭秦庭七日，哀公诵《无衣》首章。秦、楚联军打败吴国。●

● 公元前 500 年，孔子相鲁定公，参加齐、鲁"夹谷之会"。晏婴（？—前 500）卒。

● 公元前 498 年，孔子在鲁国遭冷遇，开始周游列国。

● 公元前 494 年，吴、越之战，越战败，句践向吴称臣求和。

● 公元前 490 年，颜渊（前 521—前 490）卒。孔子最得意的弟子，后世尊为"复圣"。

● 公元前 486 年，吴王夫差开凿邗沟运河，连接江、淮二水，为南北大运河开掘最早的一段。

● 公元前 484 年，孔子返鲁，编订、整理《诗》《书》《礼》《乐》《春秋》以授弟子。

● 公元前 483 年，鲁"用田赋"。

公元前 482 年，"黄池之会"，吴、晋争长，吴立盟，称霸中原。越王句践引兵袭吴，破吴都姑苏，吴请和。●

公元前 481 年，《春秋》绝笔于本年春"西狩获麟"。齐陈恒（田常）杀其君简公，"专齐之政"。●

公元前 480 年，仲由（前 542—前 480）卒。"孔门十哲"之一。

公元前 479 年，儒家学派的创始人孔子（前 551—前 479）卒。其言行被弟子编为《论语》。鲁哀公作诔文悼念孔子，为后世诔文之始。●

公元前 478 年，楚灭陈。●

● 公元前 475 年，战国时代开始。

● 公元前 473 年，"卧薪尝胆"的句践灭吴。句践大会诸侯于徐州，周元王命以为伯。

● 公元前 470 年，孙武（约前 545—前 470）卒，有《孙子兵法》存世。

公元前 468 年，《左传》记事止于此年，约成书于战国初年。●

公元前 453 年，韩、赵、魏共灭智伯，三分其地。《国语》记事止于此年。《国语》记事上起周穆王西征犬戎（约前 947）。●

-450　　　　　　　　　-400　　　　　　　　　-350

● 公元前 445 年，魏文侯任用李悝变法。李悝撰《法经》，是一部系统的法学著作，对后世影响很大。楚灭杞，广地至泗上。

● 公元前 443 年，曾侯乙卒，有编钟六十五件等大量随葬品。

● 公元前 422 年，秦灵公作吴阳上畤，祭黄帝；作下畤，祭炎帝。

● 公元前 421 年，西门豹治邺，破"河伯娶妇"，修漳水十二渠。

公元前 412 年，魏文侯任李悝为相。●

公元前 409 年，秦"令吏初带剑"。

公元前 408 年，秦"初租禾"。
公元前 406 年，魏灭中山。●

公元前 403 年，三家分晋得到周天子威烈王的正式承认。《资治通鉴》记事始于此年。

公元前 402 年，子思（前 483—前 402）卒。子思，名伋，孔子之孙。有《子思》，已散佚。相传现存《礼记》中的《中庸》等篇为其所作。被后世尊为"述圣"。●

● 公元前 397 年，聂政刺杀韩相侠累。

● 公元前 390 年，墨子（约前 476—约前 390）卒。有《墨子》。

● 公元前 386 年，齐田氏始列为诸侯。战国七雄局面正式形成。战国七雄：秦、楚、齐、燕、韩、赵、魏。

● 公元前 384 年，秦"止从死"。

● 公元前 382 年，吴起为楚令尹，主持楚国的变法。

● 公元前 378 年，秦"初行为市"。

公元前 375 年，秦国为户籍部伍，男十五足岁，登记户口。韩灭郑。

公元前 374 年，齐设"稷下学宫"。后学者曾多达万人。

公元前 367 年，韩分周为东、西两国。

公元前 361 年，秦孝公下求贤令，卫公孙鞅入秦。

公元前 360 年，《甘石星经》成书，为世界上最早的天文学著作。魏始凿鸿沟。●

公元前 356 年，秦孝公任用卫鞅（前 390—338）变法，倡导"重农抑商"。●

公元前 355 年，申不害相韩。孙膑适齐。●

公元前 353 年，齐孙膑"围魏救赵"，齐、魏之间发生"桂陵之战"。●

● 公元前 350 年，秦卫鞅第二次变法，迁都咸阳。

● 公元前 349 年，秦国推行二十等爵位。

● 公元前 348 年，秦"初为赋"。

● 公元前 341 年，齐、魏"马陵之战"。

● 公元前 338 年，秦国车裂商鞅。

● 公元前 336 年，秦"初行钱"。

公元前 334 年，魏、齐互相称王，为中原诸侯称王之始。●

公元前 328 年，秦国始设相邦，以张仪为相。●

● 公元前 325 年，秦惠文君称王。

公元前 322 年，齐威王封田婴于薛。

公元前 320 年，孙膑（约前 378—前 320）卒，有《孙膑兵法》传世。●

公元前 316 年，秦灭巴蜀。

公元前 314 年，齐宣王派匡章伐燕，五旬攻下燕都。

公元前 311 年，秦惠文王（前 356—前 311）卒。《诅楚文》相传为秦惠文王时刻石。

公元前 309 年，秦初设丞相，分左、右。

公元前 307 年（一说前 302 年），赵武灵王军事改革，"胡服骑射"。秦初置将军。●

公元前 306 年，楚灭越，设江东郡。

-450　　　　　　　　　-400　　　　　　　　　-350

●公元前 299 年，楚怀王入秦被扣，屈原自汉北返郢都，在汉北作《天问》《抽思》。秦欲杀孟尝君，孟尝君以"鸡鸣狗盗"方式得解脱。《竹书纪年》记事止此。

●公元前 296 年，楚怀王卒于秦，屈原作《招魂》悼之。赵灭中山。

●公元前 289 年，孟子（约前 372—约前 289）卒。被后世尊为"亚圣"。

●公元前 288 年，齐、秦并称东、西帝。不久，齐去帝号，合纵抗秦。屈原约于此年作《哀郢》。

公元前 287 年，屈原作《涉江》。苏秦、李兑约赵、齐、楚、魏、韩五国合纵攻秦。●

公元前 286 年，屈原作《怀沙》《惜往日》。齐灭宋。

庄子（约前 369—约前 286）约卒于此年。●

公元前 284 年，燕将乐毅率秦、韩、赵、魏、燕五国伐齐，破临淄，杀齐缗王。苏秦遭车裂。

公元前 283 年，赵蔺相如"完璧归赵"。

公元前 279 年，田单用"反间计""火牛阵"等计败燕军，悉复齐故城。●

公元前 278 年，秦将白起取楚郢都，楚迁都于陈。

屈原（约前 340—约前 278）约卒于此年。创"楚辞"体和"香草美人"传统。●

●公元前 272 年，秦置南阳郡。灭义渠，始置陇西、北地、上郡。

●公元前 270 年，魏人范雎入秦，献"远交近攻"之策。

●公元前 260 年，秦、赵"长平之战"，秦坑杀赵降卒四十万。

公元前 258 年，秦围邯郸，平原君至楚求救，门客毛遂自荐，终订与楚合纵抗秦盟约。●

公元前 257 年，魏信陵君无忌窃符救赵，与春申君黄歇，解邯郸之围。●

公元前 256 年，秦取周九鼎宝器，名义上的周天子不复存在，东周亡。

楚灭鲁。

荀卿为楚兰陵令。

秦蜀守李冰修都江堰。●

●公元前 250 年，名家代表人物公孙龙（约前 320—前 250）卒。有《公孙龙子》，原书十四篇，今存六篇。

●公元前 249 年，吕不韦为秦相。

●公元前 246 年（一说前 247 年），秦王嬴政继位。韩国水工郑国为秦凿引泾水入洛阳之渠，名"郑国渠"。

●公元前 239 年，《吕氏春秋·序意》作于此年，或云《吕氏春秋》成书于此年。

●公元前 238 年，秦王嬴政亲政。平定长信侯嫪毐的叛乱。

荀子（约前 313—前 238）卒。韩非、李斯皆为其弟子。今存《荀子》。与屈原一起被称为"辞赋之祖"。

公元前 237 年，吕不韦因事免相，宗室大臣建议逐客，李斯作《谏逐客书》。●

公元前 233 年，法家代表人物韩非子（约前 280—前 233）自杀。今存《韩非子》。

公元前 230 年，秦灭韩，秦兼并六国战争开始。●

公元前 228 年，秦灭赵国。●

公元前 227 年，燕太子丹派荆轲刺秦王，未果。秦派王翦伐燕、代。●

公元前 226 年，秦拔燕都蓟，燕王喜徙于辽东。●

● 公元前 225 年，秦灭魏国。

● 公元前 223 年，秦军攻入楚都寿春，虏楚王负刍，楚亡。秦设楚郡。宋玉（唐勒、景差与宋玉同时代）约卒于此年前后。战国时著名辞赋家，以文学侍从见用于楚顷襄王。有《九辨》《风赋》《高唐赋》《登徒子好色赋》。

● 公元前 222 年，秦平定楚江南地，设会稽郡。

王贲拔辽东，虏燕王喜，燕亡。虏代王嘉，灭代，设巨鹿郡。

● 公元前 221 年，秦灭齐国，统一中国。秦王嬴政定尊号为"皇帝"，自为"始皇帝"。更名民曰"黔首"。分天下三十六郡，后增至四十余郡。统一度量衡，车同轨，书同文，命丞相李斯作《仓颉篇》，中车府令赵高作《爰历篇》，太史令胡毋敬作《博学篇》。隶书逐渐定型。

《山海经》约成于战国时期至汉代初年。

《尚书·禹贡》成于战国后期。

公元前 220 年，秦始皇巡陇西（今甘肃临洮南部）、北地（今甘肃宁县北）。治驰道，东极燕、齐，南极吴、楚，道广五十步，三丈而树。●

● 公元前 219 年，秦始皇东巡，命李斯相继作峄山刻石、泰山刻石、琅邪刻石。

遣徐市征发童男女数千人入海求仙人。

秦始设博士官。

● 公元前 218 年，秦始皇巡之罘及东观，作之罘刻石和东观刻石。张良狙击秦始皇于博浪沙，未中。

● 公元前 216 年，令黔首自实田。

● 公元前 215 年，秦始皇东巡至碣石，立碣石刻石。

命将军蒙恬率军三十万北击匈奴。堕毁关东诸侯旧城墙，决通堤防，夷平险阻。

● 公元前 214 年，秦掘通灵渠通航，取岭南地，置桂林、南海、象三郡，徙民五十万与百越杂居。

蒙恬攻取河南地，置九原郡（今内蒙古包头西）及四十四县。

秦筑长城，西起临洮，东到辽东，世称"万里长城"。

书法家王次仲改进民间的隶书书法，秦始皇三次召见均辞不至。秦始皇程邈增损其书，隶书更加规范。

● 公元前 213 年，秦始皇依丞相李斯建议，焚书。李斯作《议烧〈诗〉〈书〉百家语》。

博士议事制度被取消。

公元前 212 年，秦"坑儒"。

使蒙恬筑直道，从九原至云阳（今陕西敦化西北）。

发隐官、刑徒七十余万人建阿房宫、骊山陵墓。●

● 公元前 210 年，秦始皇南巡会稽（今浙江绍兴），立会稽刻石。北上至琅邪、之罘，途中病死于沙丘平台（今河北广宗西北）。葬骊山陵墓，起寝于墓侧。

● 公元前 209 年，"陈胜、吴广起义"，攻占陈（今河南淮阳，原楚国都城），号"张楚"。刘邦起于沛（今江苏沛县），号"沛公"。项梁、项羽起于吴中（今江苏苏州）。

● 公元前 209 年，匈奴冒顿杀父自立为单于。

因军事训练发展而来的角抵，已成为一种体育表演项目。

公元前 208 年，李斯被腰斩于咸阳。●

公元前 208 年，孔鲋（约前264—前 208）约卒于此年。孔子八世孙。

公元前 207 年，项羽"破釜沉舟"，"巨鹿之战"。●

公元前 207 年，秦丞相赵高杀秦二世，立子婴为秦王，子婴杀赵高。

公元前 207 年，刘邦攻入关中，与秦人"约法三章"，秦亡。

秦末，相面术已出现。●

公元前 206 年，长达四年的"楚汉战争"开始。●

公元前 206 年，项羽自立为"西楚霸王"，分十八诸侯于天下，刘邦为"汉王"。

公元前 206 年，赵佗自立为南越王。

−205   **−200**   **−195**

公元前202年，项羽被刘邦围困于垓下（今安徽灵璧东南），四面楚歌，项羽歌《垓下歌》，虞姬作歌和之，突围至乌江，自杀。●

公元前202年，刘邦即皇帝位，汉朝建立，史称"西汉"。●

公元前202年，初定算赋。●

公元前202年，田横门人因田横之死而作哀歌《薤露歌》（或题为《泰山吟》）《蒿里曲》。●

公元前201年，令叔孙通定朝廷礼仪。●

●公元前200年，高祖率三十二万大军北击匈奴，被困于平城东南的白登，用陈平计，得脱。有民歌《平城歌》。
此时西汉宫廷已用漏壶（刻漏）计时。

●公元前199年，刘邦采纳刘敬与匈奴和亲的建议。创作《灵星舞》《七盘舞》。

●公元前198年，用刘敬计，迁天下大姓及豪杰十余万口于关中，以实京畿地区。以萧何为相国。

公元前197年，张苍议定汉朝的《颛顼历》，仍以秦十月为岁首。●

公元前196年，立刘恒为代王。吕后杀韩信。●

公元前196年，陆贾拜为中大夫，有《新语》。●

●公元前195年，刘邦过鲁，以太牢祀孔子。

●公元前195年，高祖歌《大风歌》。

●公元前195年，刘邦卒，太子刘盈继位，吕后专权。

●公元前195年，萧何定《九章律》。

●公元前195年，设兰台，以御史中丞掌宫廷图书。

●公元前195年，戚夫人作《永巷歌》。

●公元前194年，汉始筑长城。吕后毒杀赵王如意。

●公元前193年，萧何卒，曹参为相，于事无所变更，史称"萧规曹随"，百姓作《画一歌》（又作《百姓歌》）以歌之。

●公元前193年，高祖姬唐山夫人约于此年前后在世，曾作《房中祠乐》（后更名《安世房中歌》），为汉代有乐府之始。

公元前191年，废"挟书"之律，开献书之路。●

−205   **−200**   **−195**

●公元前190年，经五年修建，长安城完工，城内总面积约三十六平方公里。

●公元前190年，曹参卒。

●公元前187年，废除秦"夷三族"罪及"妖言"令。

●公元前186年，张良卒。

●公元前186年，行八铢钱（重半两）。

●公元前186年，长沙国相軑侯利苍卒。其墓即1972年发掘的长沙马王堆汉墓。

公元前181年，赵幽王刘友被吕后幽禁，作《幽歌》《耕田歌》（一说"《种田歌》"）。●

●公元前180年，吕后卒，太尉周勃等尽诛诸吕。立代王刘恒为皇帝，是为汉文帝。

传说汉文帝时期，将平定"诸吕之乱"的正月十五日定为"元宵节"，家家户户张灯结彩，以示庆贺。

●公元前180年至公元前141年，西汉文帝、景帝相继在位，史称这一时期为"文景之治"。

●公元前179年，废秦所定一人有罪，父母妻子、同产相坐之法。

●公元前179年，贾谊为博士，上《论定制度兴礼乐疏》，作《过秦论》。

●公元前179年，陆贾使南越，赵佗称臣奉贡。

●公元前178年，文帝作《日食求言诏》，诏举贤良、方正、能直言极谏者。

●公元前178年，贾山作《至言》，贾谊作《论积贮疏》《忧民》等。

公元前177年，淮南王刘长入朝，文帝之舅薄昭作《与淮南王长书》。●

公元前176年，贾谊出任长沙王太傅，作《吊屈原赋》。●

●公元前175年，更造四铢钱，使民得自铸。贾谊作《谏除盗铸钱令》，贾山作《对诘谏除盗铸钱令》。

●公元前174年，贾谊上《治安策》，建议"众建诸侯而少其力"。

●公元前174年，贾谊作《鹏鸟赋》，张仓等作《奏论淮南王长罪》。

●公元前174年，匈奴冒顿卒，子稽粥立，号"老上单于"。文帝遣公主与匈奴和亲。

●公元前173年，投降匈奴的汉朝宦者中行说教匈奴攻汉之策。

●公元前173年，贾谊作《宗首》《数宁》《藩伤》等篇。

公元前172年，贾谊上《谏立淮南诸子疏》，作《陈政事疏》。●

公元前171年，天大旱，贾谊作《旱云赋》。●

公元前171年，文帝遣晁错从伏生学《尚书》。●

−170	−160	−150

●公元前169年，贾谊作《上疏请封建子弟》。

晁错作《上书言皇太子宜知术数》《上书言兵事》《言守边备塞务农力本当世急务二事》《复言募民徙塞下》等。

●公元前168年，取消过关用"传"制度。

●公元前168年，河决酸枣（今河南延津西南）。

●公元前168年，晁错作《论贵粟疏》。

●公元前168年，诏民入粟于边，拜爵。

●公元前168年，贾谊（前200—前168）卒。有《新书》，明人辑有《贾长沙集》。

●公元前167年，缇萦救父。改革律令，废肉刑。

●公元前165年，文帝作《策贤良文学诏》。诏举贤良、方正、能直言极谏者。晁错作《贤良文学对策》。

●公元前164年，文帝令博士诸生采六经作《王制》，议封禅。

●公元前157年，汉文帝刘恒卒，葬霸陵。太子刘启继位，是为"景帝"。

●公元前157年，邹阳作《上书吴王》。枚乘作《谏吴王书》。

●公元前156年，遣御史大夫陶青至代下，与匈奴和亲。

●公元前156年，收民田半租，三十税一。

●公元前156年，枚乘作《七发》。

●公元前154年，"七国之乱"。

晁错（前200—前154）被杀。有《论贵粟疏》《言兵事书》《说景帝前削藩书》等。

公元前152年，作阳陵邑。遣公主嫁匈奴。●

公元前152年，张苍卒。曾收集、整理《九章算术》。●

公元前152年，枚乘作《菀园赋》。●

●公元前150年，立胶东王刘彻为太子。

●公元前150年，今文《诗》学"齐诗学"开创者辕固生约于此年前后在世。

●公元前149年，邹阳作《狱中上梁王书》。

●公元前147年，罢诸侯王国御史大夫官。

公元前145年，更名诸侯丞相为相。●

公元前145年，司马相如作《子虚赋》《美人赋》。●

公元前144年，定铸钱、伪黄金弃市律。●

公元前144年，经学家韩婴约于此年前后任常山太傅。婴为"韩诗学"开创者，治《诗经》，兼治《易》，著有《韩诗内传》《韩诗外传》。

公元前143年，梁孝王刘武（？—前143）卒。曾营造"梁园"招延四方文士豪杰，枚乘、邹阳等人皆汇集于梁。除民不得酤酒令。●

公元前143年，司马相如归蜀，作《琴歌》二首。●

公元前142年，西汉经学"毛诗学"开创者毛亨约于此年前后在世，有《毛诗诂训传》，授赵人毛苌，世称亨为"大毛公"，苌为"小毛公"。●

公元前141年，景帝卒，葬阳陵。●

−170	−160	−150

● 公元前140年，刘彻继位，是为汉武帝，用"建元"年号，中国历史上用年号纪年始于此。

● 公元前140年，枚乘（？—前140）卒。今有《七发》等三篇。

● 公元前139年，始筑茂陵。淮南王刘安入朝，作《离骚传》。

● 公元前138年，张骞出使大月氏，中途为匈奴所留。"丝绸之路"自此通。

● 公元前138年，征用民田，起上林苑，东方朔作《谏除上林苑》，司马相如作《谏猎》《哀秦二世赋》。

● 公元前136年，罢三铢钱，行半两钱。

公元前136年，汉武帝设五经博士，即申培《鲁诗》、韩婴《韩诗》（立于文帝时）、辕固《齐诗》（立于景帝时）、欧阳《尚书》、公羊《春秋》、后氏《礼》、杨氏《易》。枚乘之子枚皋拜为郎。●

公元前135年，司马相如作《上林赋》。●

公元前134年，董仲舒向武帝上"天人三策"，"罢黜百家，独尊儒术"。

公元前134年，察举制度确立。●

公元前133年，汉武帝遣方士入海求神仙，立太乙祠。司马相如作《大人赋》。●

公元前132年，黄河改道，从顿丘（今河南清丰西南）东南流。●

● 公元前130年，汉武帝使唐蒙通夜郎，置犍为郡。

司马相如奉命入蜀，作《喻巴蜀檄》。陈皇后被禁于长门宫，司马相如作《长门赋》。

● 公元前129年，司马相如作《难蜀父老》。

● 公元前129年，邹阳（前206—前129）卒。有《上书吴王》《狱中上梁王书》。

● 公元前129年，大司农郑当时议开漕渠，令徐伯督卒数万人穿渭渠。

● 公元前129年，匈奴攻上谷，卫青等四将分道击之，李广战败被俘，逃归，免为庶人。

公元前127年，汉武帝颁布"推恩令"。韩安国卒。他根据国家现状，提倡与匈奴和亲，使汉王朝北方多年无战事。●

公元前126年，司马相如欲娶茂陵女作妾，卓文君作《白头吟》以遗之，司马相如作《报卓文君书》。●

公元前126年，张骞出使西域归。●

公元前126年，匈奴军臣单于死，其弟左谷蠡王伊稚斜自立为单于，攻败军臣单于太子於单，於单亡降汉。●

● 公元前124年，司马谈著《论六家之要指》。

● 公元前124年，匈奴左贤王数侵朔方，卫青率十余万击败匈奴，拜大将军。

● 公元前124年，以公孙弘为博士，置弟子五十员，自此公卿多为文学之士。

● 公元前123年，董仲舒《士不遇赋》约作于此年。

● 公元前123年，卫青出定襄，击匈奴。封霍去病为冠军侯。

公元前122年，汉武帝刘彻巡狩，获白麟，作《白麟歌》。

公元前122年，遣张骞通滇国，欲达身毒（今印度），汉与滇的道路被打通。●

公元前122年，淮南王刘安（前179—前122）卒，与门客一起编《淮南子》（又称《淮南鸿烈》）。

公元前122年，颁《左官律》。●

公元前121年，汉武帝刘彻作《李夫人诗》《李夫人赋》。骠骑将军霍去病出陇西击败匈奴，获休屠王祭天金人。●

公元前121年，匈奴浑邪王杀休屠王率众降汉，被分置于陇西、上郡、朔方、云中、北地五郡。

-120 　　　　　　　-115 　　　　　　　-110

●公元前 120 年，汉武帝以李延年为协律都尉，广采民歌以入乐府。汉武帝思李夫人作《落叶哀蝉曲》《郊祀歌》。

●公元前 119 年，用白鹿皮造皮纸。

●公元前 119 年，更铸三铢钱，盗铸者罪皆死。禁私铸铁器及煮盐。初算缗钱、税舟车。

●公元前 119 年，名将卫青、霍去病率军痛击匈奴，匈奴远徙，漠南无王庭。

●公元前 119 年，汉朝使者到达帕提亚。

●公元前 119 年，东方朔约于此年前后作《七谏》《答客难》《拟地歌》。

●公元前 118 年，罢三铢钱，更铸五铢钱。

●公元前 118 年，司马相如（约前 179—前 118）卒。有《子虚赋》《上林赋》等，明人辑有《司马文园集》。

●公元前 117 年，令民告缗。

●公元前 115 年，张骞第二次出使西域，丝绸之路畅通。汉在浑邪王故地设酒泉、武威二郡。

●公元前 115 年，汉武帝造柏梁台，作《柏梁诗》，并由此形成"柏梁体"，为后世七言诗的源头。

●公元前 115 年，孔仅为大农令，桑弘羊为大农中丞，置均输官于郡国，以通货物；置平准官于京师，以平抑物价。

●公元前 115 年，杨可主持告缗，商贾中家以上者大抵皆破产。

●公元前 113 年，汉武帝得宝鼎于后土祠旁，作《宝鼎》《天马之歌》《秋风辞》。

公元前 112 年，南越王相吕嘉杀南越王，汉五道出击南越。●

公元前 111 年，南越降，置南海等九郡。并西南夷，置武都等五郡。

分武威、酒泉地置张掖、敦煌郡。●

公元前 111 年，制封禅礼仪，李延年创作郊祀乐舞。●

公元前 111 年，卧式箜篌开始流行。

●公元前 110 年，汉武帝封禅泰山，巡海上，望神仙。史学家司马谈（？—前 110）卒。

●公元前 109 年，汉武帝远征朝鲜。

●公元前 109 年，滇王降汉，赐滇王王印，以其地置益州郡（今云南宜良）。

●公元前 108 年，卫满朝鲜被灭，汉武帝将其地分乐浪、真番、临屯及玄菟四郡。

●公元前 108 年，赵破奴破车师，俘楼兰王。

●公元前 108 年，司马迁继任太史令。

●公元前 106 年，初置十三州部，皆置刺史，以"六条"监察郡国，不得干预地方行政。

●公元前 106 年，诏举茂才异等、可为将相及使绝（远）国者。

公元前 105 年，以江都王女细君为公主，嫁乌孙王。汉使逾葱岭，抵安息。安息使者至长安，献大鸟卵及黎轩（罗马）善眩人（魔术师）。汉使从大宛带回葡萄、苜蓿等。●

公元前 104 年，公孙卿、壶遂、司马迁等奉命制《太初历》，颁行天下。以正月为岁首，色尚黄，数用五。协音律，定官名，定宗庙百官之仪。●

公元前 104 年，司马迁始撰《史记》。●

公元前 104 年，董仲舒（前 179—前 104）卒。有《春秋繁露》。●

-120 　　　　　　　-115 　　　　　　　-110

-100　　　　　　　　-90　　　　　　　　-80

● 公元前 100 年，苏武出使匈奴。《周髀算经》大约成书于此时。

● 约公元前 1 世纪，佛教经中亚传入中国。

● 公元前 99 年，李陵兵败降匈奴。司马迁为其辩护，被处以宫刑。

● 公元前 99 年，徙豪杰于茂陵。

● 公元前 98 年，"榷酒"，禁民私酿。

● 公元前 97 年，司马迁任中书令。

● 公元前 95 年，白公穿渠，溉田四千五百余顷，民获其利，作《郑白渠歌》以歌之。

● 公元前 93 年，约在此年前后于孔子故宅得古文《尚书》《礼记》《论语》《孝经》等。

● 公元前 93 年，东方朔（前 154—前 93）卒。有《答客难》《非有先生论》等。

公元前 91 年，司马迁《史记》成书。巫蛊案起，太子刘据杀江充，兵败自杀。●

● 公元前 90 年，遣李广利将兵分三路出击匈奴。

● 公元前 89 年，采纳田千秋之议，悉罢诸方士候神人者。罢轮台屯田。以赵过为搜粟都尉，推广"代田法"。

● 公元前 87 年，汉武帝刘彻（前 156—前 87）卒，葬茂陵（今陕西兴平东北）。昭帝刘弗陵继位。

● 公元前 86 年，司马迁（约前 145—约前 86）约卒于此年。西汉中叶，已发明炒钢技术，比欧洲早一千九百多年。

公元前 81 年，"盐铁会议"，后经桓宽整理而成《盐铁论》。●

公元前 81 年，罢榷酤官。●

公元前 81 年，苏武被扣十九年，自匈奴还，任典属国。●

● 公元前 80 年，匈奴扰汉边，汉军追击，匈奴远走西北。

● 公元前 79 年，令郡国免收今年马口钱。

● 公元前 77 年，中郎傅介子诱杀楼兰王，立其弟尉屠耆为王，更名楼兰为鄯善。始置伊循屯田。

公元前 76 年，罢象郡（治今广西崇左），辖区分属郁林、牂柯。●

公元前 74 年，诏减口赋钱三十。●

公元前 74 年，汉昭帝卒，无嗣。霍光立昌邑王刘贺为帝，旋被废，赐汤沐邑二千户，昌邑国除。刘询继位，是为汉宣帝。●

公元前 73 年，经学家后苍任少府。后苍精《诗》《礼》《孝经》，撰有《后氏曲台记》《齐诗后氏传》《孝经后氏说》。弟子著名者有戴德、戴圣、萧望之、匡衡等。●

公元前 72 年，匈奴进攻乌孙，乌孙求救于汉，共击匈奴。●

-100　　　　　　　　-90　　　　　　　　-80

-70 　　　　　　　-60 　　　　　　　-50

● 公元前 70 年，四十九郡国同时地震。

● 公元前 65 年，龟兹王携夫人来朝。莎车反汉，冯奉世发西域诸国兵击破之，遂西至大宛，得名马而还。

公元前 63 年，汉宣帝封故昌邑王刘贺为海昏侯。四月，刘贺前往豫章郡海昏县（今江西南昌）就国。

公元前 61 年，赵充国击羌，诸羌多降汉，赵充国屯田湟中。●

公元前 61 年，戴德成《大戴礼记》，其侄戴圣亦成《礼记》。●

公元前 61 年，美阳（今陕西扶风东）出古鼎，古文字学家张敞一一辨读古文款识，认为是周代器物。此为金石学及古文字学之先河。●

● 公元前 60 年，匈奴日逐王先贤掸降汉。郑吉为西域都护，治乌垒城（今新疆轮台东）。

● 公元前 58 年，朝廷赐颍川（今河南禹县）贞妇顺女帛，使女性贞顺伦理观念日趋增强。此后，两汉诸帝多有诏赐贞妇之举。

● 公元前 58 年，王褒作《圣主得贤臣颂》。

● 公元前 57 年，匈奴五单于争立，内部大乱。

● 公元前 57 年，王褒作《洞箫赋》。

● 公元前 56 年，呼韩邪单于复都单于庭，众仅数万人。匈奴贵族多率部降汉。

公元前 54 年，司马迁外孙杨恽（？—前54）卒。有《报孙会宗书》。

公元前 53 年，呼韩邪单于降汉，遣子入侍。郅支单于也遣子入侍。匈奴始分南北。●

公元前 52 年，减算钱，每算减三十。●

公元前 51 年，宣帝诏群儒讲论《五经》异同于石渠阁，并亲自临决。立梁丘《易》、大小夏侯《尚书》、《穀梁》、《春秋》博士。●

公元前 51 年，呼韩邪单于朝汉称臣。●

公元前 51 年，宣帝画功臣像于麒麟阁。图画功臣，自此始。●

● 公元前 49 年，经学家孟喜创今文《易》学之"孟氏学"，以六十四卦分配气候，以卦气言《易》。著有《周易孟氏章句》。

● 公元前 47 年，陕西地震。中书令弘恭、仆射石显擅权。

● 公元前 46 年，罢珠崖郡。罢甘泉、建章宫卫，令务农。

公元前 44 年，罢盐铁官、常平仓。命博士弟子毋置员，以广学者，令民有能通一经者，皆复。●

公元前 41 年，经学家严彭祖约卒于此年。今文《春秋》"严氏学"的开创者。●

-40　　　　　　　　-30　　　　　　　　-20

● 公元前39年，河决清河郡灵县鸣犊口（今河北景县、山东高唐之间）。

● 公元前37年，京房上"考功课吏法"。

● 公元前37年至668年，高句丽王国。

● 公元前35年，蓝田地震，山崩，壅霸水，泾水逆流。

公元前34年，兖州禁民私自立社。时民间三、九月立社，号曰"春社""秋社"。●

公元前33年，王昭君出塞和亲。在匈奴作《怨诗》。●

公元前33年，汉元帝卒，汉成帝继位，外戚王凤辅政，外戚王氏擅权自此始。

公元前31年，减赋钱，每算减四十。●

● 公元前28年，西汉留下世界公认最早的关于太阳黑子的记录。

● 公元前27年，古文易学此前已在民间流传，以费直创立的"费氏学"最著名。

● 公元前26年，成帝使谒者陈农求访遗书于天下，诏光禄大夫刘向校经传、诸子、诗赋，步兵校尉任宏校兵书，太史令尹咸校术数，侍医李柱国校方技。每一书已，刘向辄条其篇目，撮其旨意，录而奏之，成《七略》，为我国第一部图书目录。并由此引发经学的今古文之争。

● 公元前25年，《汉书·成帝纪》中，有关于天然气的最早记载。

公元前24年，扬雄作《反离骚》《广骚》《畔牢愁》。●

● 公元前19年，博士初行大射礼及乡饮酒礼。

● 公元前18年，汉成帝专宠赵飞燕，班婕妤作《自悼赋》《怨诗》。

● 公元前17年，王莽荐刘歆任侍中，继承父业，典领《五经》。

● 公元前17年，渤海（治今河北沧州）、清河、信都（今冀县）河溢，灌三十一县邑。

● 公元前16年，刘向上奏所编《新序》《说苑》《列女传》。

扬雄《蜀都赋》约作于此年。

公元前14年，山阳（今河南焦作东）铁官徒苏令暴动。●

公元前11年，扬雄作《甘泉赋》《河东赋》《羽猎赋》。

画像石约在西汉晚期出现。●

●公元前 10 年，蜀郡岷山崩。
●公元前 10 年，扬雄作《长杨赋》。
　　●公元前 7 年，成帝卒，哀帝刘欣立，诏撤乐府。桓谭作《仙赋》。
　　扬雄约于此年作《酒箴》。
成帝时，氾胜之著《氾胜之书》，是我国第一部完整的农学著作。
汉高祖时，官中就已有九月九日佩茱萸、饮菊花酒的习俗。并有于七月七日"七夕节""结彩缕，穿七孔针"等"乞巧"习俗。
西汉时，最终写定的《黄帝内经》，是我国最早的一部医书。
西汉末年，"再受命"说盛行。
公元前 6 年，刘向（约前 77—前 6）卒。精治《易》《春秋穀梁传》，其整理编辑的《战国策》对后世的影响很大，有《洪范五行传》《说苑》《列女传》等传世。●
公元前 4 年，扬雄撰《太玄》《解嘲》《解难》《太玄赋》。●
公元前 3 年，关东民传"行西王母筹"，途经二十六郡国，里巷阡陌歌舞，祠西王母。●
公元前 2 年，博士弟子景卢（一作秦景宪）受大月氏国王使伊存口授《浮屠经》，中国知佛经自此始。●

●1 年，刘衎继位，是为汉平帝。王莽为太傅、"安汉公"，秉汉政。
●2 年，扬雄作《法言》。
是年，汉有郡国 103，垦田 8270536 顷，民户 12356740，口 57671401。
●4 年，扬雄作《琴清英》等篇。王莽奏起明堂、辟雍、灵台，立《乐经》，益博士员，经各五人。
●4 年，置西海郡。
　　●5 年，汉平帝被王莽毒死。始有"符命"说。
　　●6 年，"孺子婴"继位，王莽自称"假皇帝"。扬雄续《史记》。
　　7 年，改行货币"错刀"，与五铢钱并行，禁列侯以下挟黄金。●
8 年，王莽自称皇帝，国号"新"，西汉亡。实行托古改制。●
汉乐府《铙歌十八曲》（鼓吹曲辞）约作于此时。
《养鱼经》（旧题《陶朱公养鱼经》）成书于西汉，为我国第一部鱼类学专著，其中涉及池养鲤鱼的雌雄比例和鱼卵孵化等问题。

●10 年，实行"五均""六筦"。
　　●11 年，河决魏郡，泛滥清河以东数郡。
　　●12 年，王莽以洛阳为东都，长安为西都。
16 年，始颁行官吏俸禄。太医、尚方（画工）与巧屠剖剥人体，量度五脏，测血脉端末，为中国医学史上记载最早的人体解剖个例。●
17 年，琅邪吕母起义，荆州绿林军起义。●
18 年，琅邪樊崇领导赤眉军起义。●
18 年，扬雄（前 53—18）卒。有《甘泉赋》《羽猎赋》《法言》《太玄》等，明人辑有《扬子云集》。●

20　　　　　　　　　　30　　　　　　　　　　40

● 22 年，王常等入南郡，号"下江兵"；王匡等入南阳，号"新市兵"。刘縯、刘秀起兵。

民谣《长安城中谣》约作于此年前后。

● 23 年，"昆阳之战"。绿林军攻入长安，王莽被杀，新朝灭亡。刘玄恢复汉朝，号"更始"。

● 23 年，刘歆（？—23）卒。有《七略》《遂初赋》等。

25 年，刘秀称帝，是为汉光武帝，东汉建立，定都洛阳。

班彪作《北征赋》。

公孙述命造"十层赤楼帛兰船"，已使用尾舵。●

我国现存最早的药物学著作《神农本草经》约成书于西汉后期东汉初年。

26 年，宋弘荐桓谭为议郎、给事中，桓谭作《陈时政疏》《抑谶重赏疏》。●

29 年，于洛阳开阳门外兴建太学。光武中兴，立经学博士十四家，《易》为施、孟、梁丘、京氏四家，《尚书》为欧阳、大、小夏侯三家，《诗》为齐、鲁、韩三家，《春秋》为严、颜二家，《礼》为大、小戴二家，设祭酒一人总领太学。●

29 年，立莎车王康为西域大都护，统西域诸国。●

29 年，班彪作《王命论》。●

● 30 年，并省四百余县，减少官员，十置其一。恢复三十税一制。

● 31 年，南阳太守杜诗（？—38）做水排，以水力鼓风冶铁，比欧洲早约千年。

● 35 年，下诏杀奴婢不得减罪；炙灼奴婢论如律；被炙灼者免为庶人。

39 年，下令"度田"。●

● 40 年，因民间杂用布帛金粟相交易，复用五铢钱。

● 42 年，罢州牧，置刺史。

● 43 年，修西京宫室，复置函谷关都尉。

● 44 年，省五原郡，徙吏民于河东。

● 44 年，班彪续写《史记》。

杜笃作《论都赋》。

47 年，经学家杜林（？—47）卒。时称"通儒"。曾得漆书《古文尚书》，复振古文经学，再引今古文之争。撰有《仓颉训纂》等。●

48 年，南匈奴单于向汉称臣，南北匈奴分裂。●

50　　　　60　　　　70

● 52 年，班彪《史记后传》约成书于此年。

梁鸿娶孟光，归霸陵山，作《安邱严平颂》。

● 54 年，史学家班彪（3—54）卒。

● 55 年，令死罪系囚改处宫刑

● 55 年，班固作《幽通赋》《终南山赋》。

冯衍作《显志赋》。

56 年，光武帝封禅泰山，宣布图谶于天下。马第伯作《封禅仪记》，是现今所见最早的游记。●

56 年，桓谭（？—56）卒。著《新论》及《仙赋》《陈时政疏》《抑谶重赏疏》。反对谶纬神学。

57 年，倭奴国使者到洛阳，光武帝赠以"汉倭奴国王"金印。

光武帝（前 6—57）卒，明帝刘庄继位。

是年，汉户 4279634，口 21007821。

明帝提倡佛法，永平中（58—75），曾命民间上元日（正月十五）张灯敬佛，此为元宵放灯最早的记录。●

● 59 年，明帝讲经辟雍，行大射礼，王充观天子临辟雍，作《大儒论》。●

● 59 年，崔骃拟扬雄《解嘲》作《达旨》。

傅毅作《七激》。●

● 60 年，于南宫云台绘"功臣二十八将画像"。

● 60 年，王充始作《论衡》。

● 62 年，班固因私修国史而下狱。

崔骃作《安丰侯诗》。

● 63 年，班固迁为尚书郎，典校秘书，续撰《汉书》。

● 64 年，汉明帝约于此年遣蔡愔往天竺（今印度）求访佛学。

● 65 年，楚王刘英崇尚浮屠，中国始见崇佛记载。

66 年，诏郡国以公田赐贫民。●

66 年，置五经师。

班固受诏修《汉书》。●

67 年，蔡愔等取佛经回，天竺沙门迦叶摩腾、竺法兰至洛阳，建白马寺以居，编译《四十二章经》。

● 68 年，令推行氾胜之"区种法"。

● 69 年，东汉治理黄河，由王景主持。●

● 72 年，汉明帝至鲁，访孔子旧宅，祠孔子及七十二弟子。

● 73 年，东汉窦固败匈奴，班超出使西域，镇抚西域诸国，西域与汉绝六十五年，至此复通。

● 74 年，窦固等击败西域，前后车师降，复置西域都护、戊己校尉。

78 年，杜笃（20—78）卒。著《明世论》及赋、诔、吊、书、赞、七言、女诫及杂文共 18 篇，今存《论都赋》《吊比干文》等十余篇。

79 年，汉章帝诏郎将、大夫、博士及诸名儒于白虎观讨论《五经》异议，并亲自裁断。班固奉命将讨论结果编成《白虎通义》。●

50　　　　60　　　　70

| 80 | 90 | 100 |

● 82年，班固上《汉书》，迁玄武司马。

● 83年，诏令群儒选高材生受《左氏》《穀梁春秋》《古文尚书》《毛诗》。

● 84年，诏议郡国贡举法。禁盐、铁私煮、私铸。

● 84年，崔骃作《南巡颂》。

● 85年，诏民有生子者免三岁算，怀妊者赐胎养谷，免其夫一岁算。颁行贾逵等修订的《四分历》。

● 85年，汉章帝祀孔子及七十二弟子，大会孔氏二十岁以上者六十二人。班固、崔骃并作《东巡颂》。

87年，曹褒奏上汉礼一百五十篇。班固作《南巡颂》。●

88年，罢盐铁之禁。王充《论衡》全部定稿约在此时。●

89年，窦宪大破北匈奴，勒铭燕然山。傅毅、崔骃、班固并作《北征颂》。●

● 90年，傅毅（约42—约90）约卒于此年。作品今存《舞赋》《七激》等。王充作《养性书》16篇。

● 92年，班固（32—92）卒于狱中。有《两都赋》等，著《汉书》《白虎通义》传世。《汉书》由其妹班昭续成。

● 95年，京师地震。张衡作《温泉赋》。

97年，西域都护班超派甘英出使大秦等，到达今波斯湾。王充（27—约97）约卒于此年。著《论衡》。●

99年，至迟此年，已掌握烧瓷技术。●

● 100年，许慎《说文解字》成书。这前后，《九章算术》成书，其中有负数的概念。

● 101年，古文经学大师贾逵卒。著有《古文尚书训》《毛诗传》《春秋左传解诂》等。

● 102年，久居西域的班超上书乞归，不久，卒于洛阳。

● 102年，诏依徐防议，博士及甲乙测试，宜从家法。

● 105年，宦官蔡伦将改进的造纸术奏报朝廷，植物纤维纸得到推广。张衡作《二京赋》。是年，户9137112，口53256229，垦田7320170。

● 110 年，诏谒者刘珍及五经博士于南宫东观校定五经、诸子、传记、百家艺术，整齐脱误，是正文字。班昭《女诫》约成于本年

● 111 年，许慎作《五经异义》。在此之前，以炒钢为原料的"百炼钢"工艺已经普及。

● 114 年，王逸《楚辞章句》于此年前成书行世。

117 年，《三公山碑》立，篆书中带有隶、草笔意。●

118 年，太室山庙前神道阙——太室阙落成，与同一时期建造的少室阙、启母阙，并称"中岳汉三阙"。●

● 120 年，班昭（约49—约120）约卒于此年。续《汉书》，作《东征赋》《女诫》等。

● 121 年，蔡伦（约62—121）自杀。

● 123 年，以班勇为西域长史，屯柳中。
诏选署郎及吏人通《古文尚书》《穀梁春秋》者各一人。

● 124 年，班勇率鄯善、龟兹、姑墨兵于车师前王庭击破匈奴伊蠡王，西域复通。

● 124 年，汉安帝东巡，张衡作《东巡诰》，马融作《东巡颂》。

● 131 年，缮起太学，共一千八百五十室。

● 132 年，令郡国举孝廉，立孝廉限年课试法。

● 132 年，东汉张衡在太史令任上发明世界上最早的地动仪，称为"候风地动仪"。

● 133 年，诏举敦朴之士，经学家马融、科学家张衡预选。

● 134 年，张衡、贾逵、马融、朱穆、崔寔、荀爽等请禁绝图谶。

● 135 年，允许宦官养子为后，世袭封爵。

● 135 年，张衡作《思玄赋》。
王逸作《九思》。

136 年，夫余王朝汉。

136 年，张衡作《四愁诗》。●

138 年，宦官竞卖恩势，荐举所亲。
张衡作《归田赋》。●

139 年，张衡（78—139）卒。有《灵宪》《二京赋》《归田赋》等，明人辑有《张河间集》。●

● 140 年，会稽太守马臻筑镜湖塘，溉田九千余顷。

146 年，诏郡国举明经，至太学受业，自此，太学生增至三万余人。●

147 年，许慎（约 58—约 147）约卒于此年。有《说文解字》《五经异义》《淮南鸿烈解诂》等。●

148 年，安西僧安世高、月支僧支娄迦谶至洛阳。安世高于桓帝初来中国，译佛经三十四部四十卷，为小乘阿毗昙学和禅学经典。支娄迦谶在南方传译大乘般若学经典，译经十四部二十七卷。●

● 151 年，朱穆、边韶、延笃、崔寔等著作东观，撰《汉记》。崔寔作《政论》。邯郸淳作《曹娥碑》。

● 155 年，崔寔约于此年作《四民月令》。

156 年，鲜卑大人檀石槐据匈奴旧地。●

156 年，蔡邕作《玄文先生李休碑》。●

156 年，道教的创始者张道陵（34—156）卒。●

157 年，秦嘉作《与妻徐淑书》《重报妻书》《述昏诗》《赠妇诗》《留郡赠妇诗》。徐淑作《答夫秦嘉书》《又报嘉书》及骚体《答秦嘉诗》。●

159 年，汉桓帝与宦官唐衡、单超等诛外戚梁氏。同日，封宦官单超等五人为侯，开始宦官专权。●

159 年，蔡邕作《述行赋》《霖雨赋》《汝南周勰碑》。●

● 161 年，鬻卖关内侯以下官爵。

● 161 年，蔡邕作《检逸赋》《释诲》《济北相崔君夫人诔》。

● 162 年，王延寿作《梦赋》《鲁灵光殿赋》。王符（约 85—162）卒。有《潜夫论》。

165 年，遣中常侍左悺赴苦县祠老子。令郡国有田者亩征十钱，计亩敛钱自此始。●

166 年，李膺等下狱，诏令郡国逮捕党人，东汉"党锢之祸"起。●

166 年，大秦（古罗马帝国）王安敦遣使汉朝。

166 年，马融（79—166）卒。注《论语》《毛诗》《周易》《三礼》《尚书》《孝经》《老子》《淮南子》《离骚》等书，皆佚。明人辑有《马季长集》。●

167 年，赵壹作《报皇甫规书》《解摈赋》。●

168 年，何休著《春秋公羊解诂》。

●《古诗十九首》约产生于东汉桓、灵之际。

170	180	190

● 171 年，蔡邕作《上始加元服与群臣上寿章》《郭泰碑》《东鼎铭》《中鼎铭》。

● 172 年，郑玄始注《礼》，作《六艺论》。

● 173 年，蔡邕与卢植等撰补《后汉纪》，并作《独断》。

赵壹作《刺世疾邪赋》。

175 年，行婚姻之家及两州士人"不得对相监临"（不得交互为官）的"三互法"。

蔡邕所书古文、篆、隶三体"熹平石经"刻成立于太学门外，为我国最早的官定经本。

卢植任九江太守，后去官，作《尚书章句》《三礼解诂》，刘备、公孙瓒等求学于卢植门下。●

176 年，蔡邕作《伯夷叔齐碑》。郦炎效枚乘《七发》作《七平》。

178 年，置鸿都门学，课试至千人，教以文章、词赋、书法等。●

178 年，初开西邸卖官，公一千万，卿五百万。●

178 年，赵壹作《报羊陟书》。郦炎（150—178）卒。有《见志诗》二首传世。●

179 年，蔡邕制焦尾琴，作《琴操》。●

● 181 年，灵帝作列肆于后宫，穿商贾服贩卖，又好私蓄郡国贡献，名"导引费"。

边让作《章华台赋》。

● 182 年，蔡邕作《京兆樊惠渠颂》《京兆尹樊陵颂碑》等。

● 182 年，何休（129—182）卒。有《春秋公羊解诂》等。蔡邕作《何休碑》。

● 184 年，张角利用太平道发动"黄巾起义"。五斗米师张修起义于巴郡。

● 184 年，蔡邕作《太尉乔玄碑》《黄钺铭》等。郑玄注毕《毛诗》《古文尚书》《论语》，又撰《毛诗谱》《论语释义》《仲尼弟子谱》。

186 年，宦官宋典发明翻车、渴乌以汲水洒路。●

186 年，《汉故谷城长荡阴令张君表颂》（即《张迁碑》）立于东平。

187 年，陈寔（104—187）卒。蔡邕作《陈寔碑》。

188 年，置西园八校尉，以小黄门蹇硕为上军校尉、袁绍为中军校尉、曹操为典军校尉。●

188 年，崔琰作《述初赋》。蔡邕作《与何进书荐边让》。

189 年，袁绍杀宦官，引董卓入京。董卓杀少帝，立献帝，自为相国。曹操出奔陈留，起兵讨伐董卓。●

● 190 年，关东州郡推袁绍为盟主，起兵讨伐董卓，董卓逼汉献帝迁都长安。

● 190 年，蔡邕作《告迁都祝嘏辞》《让高阳乡侯章》《表贺录换误上章谢罪》。

● 190 年，经学家荀爽（128—190）卒。著有《礼》《易传》《诗传》《尚书正经》《春秋条例》，均佚，清人辑有《周易荀氏注》。

杨修作《司空荀爽述赞》。

● 190 年，东汉魏伯阳据自己的炼丹经验编成《周易参同契》，为世界最早的炼丹书籍，在化学史上具有重要地位。

两汉之际出现"水碓"。

● 192 年，蔡邕（132—192）被王允杀害。《熹平石经》四十六块即为其书丹。有《蔡邕集》，后有辑本《蔡中郎集》。

卢植（？—192）卒。著《尚书章句》《三礼解诂》等，皆佚。

● 192 年，曹操领兖州牧，收青州降卒三十万，号"青州兵"。作《领兖州牧表》《陈损益表》。

● 192 年，王粲作《七哀诗》三首之一。

孔融作《六言诗》三首。

193 年，王粲作《初征赋》。●

170	180	190

195	200	205

● 195 年，曹操作《兖州牧上书》。孔融作《与诸卿书》。

● 195 年，许劭（150—195）卒。好品题乡党人物，每月辄更品题，汝南俗有"月旦评"。曾评价曹操是"治世之能臣，乱世之奸雄"。

● 196 年，曹操胁迫汉献帝迁都许，始"挟天子以令诸侯"。

● 196 年，曹操作《上书让增封武平侯》《上书让增封》。

● 196 年，曹操作《让还司空印绶表》。
杨修作《许昌宫赋》。
王粲作《赠士孙文始》诗。

197 年，袁术称帝于寿春。●

198 年，王粲作《三辅论》。●

● 200 年，曹操、袁绍"官渡之战"，曹胜袁败，奠定了曹操统一北方的基础。陈琳作《为袁绍檄豫州文》。

● 200 年，经学大师郑玄（127—200）卒。他糅合今古文经学，遍注群经，成为解释古代经典的津梁。

200 年，应劭于此年前后成《风俗通义》，另有《汉官仪》《礼仪故事》等，又集解《汉书》。

● 201 年，赵岐卒。著《孟子章句》。

● 203 年，曹操作《败军令》《论吏士行能令》《修学令》。

● 205 年，高诱任司空，著有《战国策注》。

● 206 年，曹操基本统一北方，作《苦寒行》。
王粲《七哀》其二、其三约作于本年。

207 年，曹操征乌桓，回军时作《步出夏门行》。●

207 年，刘备访诸葛亮于隆中，"隆中对"。

207 年，蔡琰（文姬）被曹操赎归，再嫁董祀，作《悲愤诗》，另有《胡笳十八拍》。●

208 年，"赤壁之战"，孙权、刘备联军大败曹操，三国鼎立局面形成。●

208 年，著名医学家华佗（约145—208）卒。发明麻沸散，模仿虎、鹿、熊、猿、鸟五种动物的活动姿态编"五禽戏"。
司马徽卒，人称"水镜先生"。●

208 年，孔融（153—208）被杀。"建安七子"之一。明人辑有《孔北海集》。有"孔融让梨"美谈。●

208 年，曹丕作《述征赋》等。
王粲作《登楼赋》。●

209 年，荀悦（148—209）卒，作《申鉴》，另有编年体《汉纪》。●

209 年，曹操驻军合肥，大兴屯田。
曹丕作《感物赋》。●

195	200	205

● 210 年，东汉医学家张仲景撰成《伤寒杂病论》。

● 210 年，曹操建铜雀台于邺（一作铜爵台，后又造金虎台、冰井台，合称"铜雀三台"）。作《求贤令》《让县自明本志令》，令荐人"唯才是举"。

● 211 年，益州牧刘璋迎刘备入川。

● 211 年，曹丕作《感离赋》。曹植作《离思赋》《述行赋》等。

● 212 年，曹丕、曹植奉父命各作《登台赋》一篇。

● 212 年，阮瑀（约 165—212）卒。"建安七子"之一。有《为曹公作书与孙权》《驾出北郭门行》，明人辑有《阮元瑜集》。

214 年，庞统（179—214）卒。被司马徽誉为"南州士人之冠冕"，与诸葛亮齐名，号"凤雏"。●

214 年，曹植作《东征赋》。●

● 215 年，曹植作《三良诗》。曹丕作《孟津诗》。

● 216 年，匈奴贵族因先世系汉朝外孙，改姓刘氏。

● 216 年，王粲作《从军行》五首，刘桢作《赠五官中郎将诗》，曹植作《与杨德祖书》。

● 217 年，天下大疫，"建安七子"中王粲（177—217）卒（建安"七子之冠冕"，与曹植并称"曹王"，今人辑有《王粲集》）。徐幹（？—217）卒（有《中论》《答刘桢》等，后人辑有《徐伟长集》）。陈琳（？—217）卒（有《饮马长城窟行》，明人辑有《陈记室集》）。应玚（？—217）卒（明人辑有《应德琏集》）。刘桢（？—217）卒（与曹植并称"曹刘"，明人辑有《刘公幹集》）。

219 年，刘备从曹操手中夺取汉中，自为"汉中王"，并命关羽自荆州猛攻曹操，许都震动。

孙权袭杀关羽，占有荆州。●

219 年，张仲景（178—219）卒。被后世尊为"医圣"。著《伤寒杂病论》。●

● 220 年，曹操采用陈群建议，制"九品官人法"。

● 220 年，曹丕作《又与吴质书》。曹植《野田黄雀行》约作于本年。

● 220 年，曹操（155—220）卒。有《观沧海》《龟虽寿》《蒿里行》等，明人辑有《魏武帝集》。

● 220 年，曹丕代汉称帝，都洛阳，国号"魏"。

● 220 年，仲长统（180—220）卒。著有政论文《昌言》。

● 221 年，刘备称帝于成都，国号"汉"，史称"蜀"或"蜀汉"。

孙权自公安迁都于鄂（今湖北鄂州），改名"武昌"。

● 222 年，吴、蜀"夷陵之战"。

● 222 年，曹植《洛神赋》约作于本年。

● 223 年，刘备卒。

● 223 年，曹植作《赠白马王彪》《任城王诔》。

● 226 年，魏文帝曹丕（187—226）卒。与其父曹操和弟曹植并称"三曹"，建安文学的代表人物，代表作《燕歌行》，有《典论·论文》。曹植作《文帝诔》。"建安七子"为孔融、王粲、刘桢、陈琳、阮瑀、徐幹、应场。

● 226 年，大秦商人秦论至武昌见孙权。

吴遣朱应、康泰出使扶南（今柬埔寨），康泰撰《吴时外国传》，朱应撰《扶南异物志》。

● 227 年，诸葛亮北伐，作《出师表》。

228 年，诸葛亮兵出祁山，败于街亭，作《论斩马谡》。●

228 年，曹植作《求自试表》《喜雨诗》等。●

229 年，孙权称帝，定都建业，国号"吴"。●

229 年，曹植徙封东阿王，作《转封东阿王谢表》《迁都赋》。●

● 230 年，孙吴船队到达夷洲，为大陆与台湾交通的最早记录。

● 230 年，钟繇（151—230）卒。擅书法，与晋王羲之称"钟王"。作品有《贺捷表》《力命表》《宣示表》《荐季直表》等。

● 230 年，魏韩暨将鼓风冶铁的"水排"，由立轮式改为卧轮式。

● 231 年，曹植作《求通亲亲表》。

● 231 年，诸葛亮再出祁山，以"木牛"运粮草。

魏复置护匈奴中郎将。

● 232 年，曹植（192—232）卒。宋人辑有《曹子建集》，名篇有《洛神赋》等。

● 232 年，诸葛亮劝农于黄沙，做"木牛流马"。

233 年，虞翻（164—233）卒。撰有《周易注》，又有《老子》《论语》《国语》训注。

234 年，诸葛亮（181—234）卒。有"卧龙"之称。●

● 235 年，马钧作指南车，改良翻车。

● 236 年，张昭（156—236）卒。著有《春秋左氏传解》《论语注》。

● 237 年，魏杨伟上《景初历》，以代《太和历》。

238 年，倭女王卑弥呼遣使于魏，魏封为"亲魏倭王"。●

240 250 260

● 240 年至 248 年，何晏、王弼开"正始之音"。

● 241 年，刻石经立于太学，为"正始石经"。

● 243 年，嵇康作《养生论》。

● 244 年，何晏作《道德二论》。

246 年，向秀作《儒道论》。

247 年，康僧会至建业，孙权为之建塔，名建业寺，江南始有佛寺。

248 年，王弼作《难何晏圣人无喜怒哀乐论》。嵇康、阮籍、山涛、刘伶、向秀、阮咸、王戎游于竹林，人称"竹林七贤"。

249 年，司马懿发动兵变，专有魏政。

249 年，何晏（？—249）卒。著有《道德论》《无名论》，与郑冲等共撰《论语集解》。王弼（226—249）卒。魏晋玄学的代表人物，有《周易注》《周易略例》《老子注》《老子指略》等。

● 254 年，阮籍作《首阳山赋》。

● 255 年，阮籍作《东平赋》《大人先生传》。

256 年，经学家王肃（195—256）卒。遍注群经，与郑玄多有不同。著有《孔子家语》《孔丛子》等。

256 年，嵇康于洛阳写《石经》。

蜀中散大夫谯周作《仇国论》。

● 260 年，朱士行赴于阗求经，历史上第一位汉族僧人，也是内地最早求法西域的僧人，取得梵书《正本大品般若经》，译成汉文《放光般若经》。

● 261 年，乐浪郡外夷、韩、秽貊属贡于魏。

● 261 年，司马昭作《与山涛书》，嵇康作《与山巨源绝交书》。

262 年，嵇康（223—262）被杀。"竹林七贤"之一，与阮籍并称"嵇阮"。著有《养生论》《声无哀乐论》《琴赋》。鲁迅辑有《嵇康集》。

263 年，阮籍（210—263）卒。"竹林七贤"之一，与嵇康并称"嵇阮"。有《咏怀》诗八十余首及《大人先生传》《达生论》等文。后人辑有《阮步兵集》等。

263 年，刘徽注《九章算术》成，创割圆术，为求圆周率提供了科学方法。

263 年，刘禅投降，魏灭蜀汉。

264 年，向秀作《思旧赋》。

265 年，司马炎代魏称帝，国号"晋"，史称"西晋"。

266 年，晋废屯田制。

266 年，傅玄奉命制短箫铙歌二十二篇。

267 年，晋禁星气、图谶之学。

268 年，王祥（184—268）卒。有"卧冰求鱼"的孝行美誉。

268 年，潘岳作《藉田赋》。

269 年，谯周（201—269）卒。著有《古史考》等。

240 250 260

● 271 年，地理学家裴秀（224—271）卒。绘制《禹贡地域图》，提出"制图六体"，开创中国古代地图绘制学。

● 273 年，吴孙皓杀韦昭，昭著有《吴书》《国语注》等。

● 273 年前后，荀勖著成《中经新簿》，为最早的图书四分法。

● 274 年，挚虞作《答杜预书》。

● 275 年，潘岳作《杨荆州诔》等。

277 年，张华作《祖道赵王应诏诗》。●

278 年，傅玄（217—278）卒。有《傅子》《傅玄集》，明人辑有《傅鹑觚集》。

羊祜（221—278）卒。著《老子传》。●

278 年，潘岳作《秋兴赋》。●

● 280 年，西晋灭吴，统一中国。颁布户调式。

是年，晋全国有户 2459840，口 16163863，州 19，郡国 173。

● 280 年，陆机作《辩亡论》。

● 280 年，王叔和著成《脉经》，并依《伤寒杂病论》整理成《伤寒论》《金匮要略》。

● 281 年，汲冢竹书出土。

● 281 年，司马炎平吴后，沉湎酒色，常乘羊车于宫中宣淫。

● 282 年，贾充（217—282）卒。曾主持修订《晋律》。

● 282 年，皇甫谧（215—282）卒，著有《帝王世纪》及最早的针灸专著《针灸甲乙经》等。

● 283 年，山涛（205—283）卒。"竹林七贤"之一。

284 年，杜预（222—284）卒。博学，多谋略，时称"杜武库"。著有《春秋经传集解》《春秋长历》《春秋释例》。

284 年，尚书左仆射刘毅上疏，请废九品中正制，疏有"上品无寒门，下品无士族"。●

285 年，张华作《三月三日后园会诗》。

是年，百济人王仁以织工并携带《论语》《千字文》至日本。●

286 年，月氏僧竺法护携带大批梵文经卷至长安、洛阳，终身写译，译经凡二百一十部。●

287 年，李密（224—287）卒。有《陈情表》传世。

289 年，荀勖卒。著《中经》等。●

● 290 年，司马炎卒。张华作《武帝哀策文》。

● 291 年，西晋"八王之乱"开始，持续十五年。

● 291 年，张华作《女史箴》。陆机作《赴洛》下篇及《赠尚书郎顾彦先》。

● 291 年，卫瓘（220—291）卒。与尚书郎索靖俱善书法，号"一台（尚书台）二妙"。著有《四体书式》等。其弟宣、庭，其子恒，其侄操、玠皆以书法名世。

● 293 年，分立国子学与太学，官五品以上子弟得入国子学。

● 294 年，潘尼作《皇太子集应令》《赠陆机出为吴王郎中令》。

296 年，石崇作《金谷诗序》。陆机作《思旧赋》。潘岳《闲居赋》约作于此年。●

297 年，史学家陈寿卒。著有《三国志》《古国志》《益部耆旧传》等，编有《蜀相诸葛亮集》。

297 年，周处卒。少时曾有"三害"之称。著有《风土记》。●

298 年，陆机作《吊魏武帝文》。

299 年，江统上《徙戎论》，主张将内迁诸少数部族回迁原地。南阳鲁褒作《钱神论》，其中称钱为"孔方兄"，讽刺"钱能使鬼"。●

300 　　　　　　　310 　　　　　　　320

● 300 年，张华（232—300）卒。有《博物志》，后人辑有《张司空集》。

● 300 年，潘岳（247—300）卒。与陆机并称"潘陆"，有《悼亡诗》《闲居赋》，后人辑有《潘黄门集》。

● 300 年，束皙（261—300）卒。参与整理《竹书纪年》，又撰《晋书》《三魏人士传》等。

● 300 年，刘伶（211—300）卒。"竹林七贤"之一，嗜酒，著《酒德颂》。

● 300 年，陆机作《叹逝赋》《述思赋》《文赋》等。陆云作《与兄平原书》约在本年。

● 301 年，左思作《三都赋》。

● 302 年，李特据巴西等地，入成都，自号"益州牧"。陆云作《岁暮赋》。

● 303 年，陆机（261—303）卒。与陆云有"二陆"之称。有《辩亡论》《吊魏武帝文》《文赋》，后人辑有《陆士衡集》。

● 303 年，陆云（262—303）卒。有《与兄平原书》《陆士龙集》等。

304 年，匈奴人刘渊迁左国城（今山西离石北）称王，国号"汉"，十六国开始，中国再陷分裂。●

305 年，王戎（234—305）卒。"竹林七贤"之一。作品有《华陵帖》等。●

306 年，司马彪卒。著有《庄子注》《九州春秋》《续汉书》等。

306 年，文学家左思卒。晋作家有三张（张载、张协、张亢）、二陆（陆机、陆云）、两潘（潘岳、潘尼）、一左（左思）。●

● 311 年，匈奴人刘曜攻陷洛阳，掳晋怀帝，杀王公士民三万多人，史称"永嘉之乱"。此后北方大族大多南渡。

● 311 年，挚虞（？—311）卒。有《三辅决录注》《文章流别志论》等，明人辑有《晋挚太常集》。

● 312 年，顾荣卒。与陆机兄弟号为"三俊"。

卫玠（286—312）卒，善清谈，风神秀异，古代"四大美男"之一。因貌美，观之如堵。年二十七病卒，时人称其被"看杀"。

● 313 年，祖逖初次北伐。因避晋愍帝司马邺讳，改建业为"建康"（今南京）。

● 314 年，张轨自称"凉州牧"。

316 年，匈奴人刘曜围攻长安，晋愍帝出降，西晋灭亡。北方进入五胡（匈奴、鲜卑、羯、氐、羌）十六国时期，大批中原士人为躲避战乱南下，被称作"侨人"。●

317 年，西晋皇族司马睿在建康称"晋王"，次年称帝，史称"东晋"。

317 年，葛洪撰《抱朴子》。

318 年，刘琨（271—318）卒。有《答卢谌》《重赠卢谌》《扶风歌》，明人辑有《刘越石集》。郭璞作《江赋》《南郊赋》等。

319 年，石勒于襄国（今河北邢台西南）称"赵王"，史称"后赵"。刘曜改国号为"赵"，史称"前赵"。●

● 321 年，东晋名将祖逖（266—321）卒。一生多次率军北伐。

● 324 年，郭璞（276—324）卒。注《穆天子传》《山海经》《楚辞》《尔雅》《方言》等，及《游仙诗》等，明人辑有《郭弘农集》。

● 325 年，干宝著《晋纪》，咸称"良史"。又撰《搜神记》《春秋左氏义外传》等。

326 年，后赵石勒定九流，始立秀、孝试经之制。●

326 至 334 年，东晋实行"土断"，整顿侨人户籍。●

329 年，温峤（288—329）卒。撰《后汉书》，其中《十典》由其子续成。●

329 年，石勒灭前赵。

● 330 年，晋始度田租。
虞喜发现天文学上的岁差。

● 330 年，陶侃作《与王导书》。
王导作《答陶侃书》。

● 332 年，陶侃作《让拜大
将军表》。

● 335 年，后赵
石虎崇佛，"百姓
有乐事者，特听
之"，打破了汉
代以来不准汉人
出家皈依佛门的
禁令。

337 年，慕容皝自称"燕王"，
史称"前燕"。 ●

● 341 年，东晋诏王公、庶人
皆正土断、白籍（即北方南迁
的侨民不再单独登记户籍，一
律编入现居地的户籍，但用白
籍，与土著的黄籍有别）。

● 343 年，高句丽王入
贡前燕。

● 345 年，后赵
石虎发十六万
人修长安宫，
二十六万人修洛
阳宫。

● 345 年，前燕
立龙翔佛寺，佛
教始传入东北。

347 年，晋桓温入成都，俘李势，
成汉亡。
孙绰作《王长史诔》。 ●

348 年，佛图澄（233—348）卒。
被后赵百姓尊为"大和尚"，一
生立佛寺九百余，门徒近万人，
其中道安、法雅二人，在佛
学、文学上都很有成就。 ●

349 年，桓温作《檄胡文》。 ●

● 350 年，冉闵尽灭石氏，即皇
帝位，国号"大魏"，史称"冉魏"。

● 351 年，苻健在长安称"秦
天王""大单于"，国号"大秦"，
史称"前秦"。第二年，称皇帝，
太子苌为"大单于"。

● 351 年，支遁与王羲之谈
论《逍遥游》。

● 352 年，李充定目录四
部分类法。

● 353 年，王羲之
（321—379）于三月三
日在会稽山阴兰亭别
业，集合名流，行修
禊事，饮酒赋诗，成
《兰亭集》，羲之作《兰
亭集序》，后世称其为
"书圣"。其子王献之
（343—387）也擅书，
作品被目为"神品"。

354 年，前秦建"来宾馆"，
以待四方归顺者。薄赋卑
宫，修尚儒学，与百姓"约
法三章"。 ●

357 年，前秦东海王苻坚杀苻
生，去帝号，称"大秦天王"。
重用汉族士人王猛，课农桑，
立学校，秦民大悦。 ●

● 361年，前秦令举"孝悌、廉直、文学、政事"四科。

● 362年，前秦苻坚亲临太学，考第诸生经义，与博士讲论，每月一次。

● 362年，裴启撰《语林》。

366年，支遁（314—366）卒。著《庄子内篇注》《即色即玄论》等。

敦煌莫高窟开始开凿。此后自北魏至元代续有开凿，成为世界上著名的石窟艺术宝库。窟内壁画、彩塑甚多，艺术价值很高。闻名于世的敦煌文书，即发现于此。●

369年，桓温第三次北伐，袁宏作《北征赋》。●

● 370年，前秦苻坚灭前燕。

● 371年，孙绰（314—371）卒。有《遂初赋》《游天台山赋》等，明人辑有《孙廷尉集》。

● 372年，高句丽仿中国立太学，并由前秦传入佛教。

375年，王猛（325—375）卒，帮助苻坚统一北方。

前秦禁老庄、图谶之学。●

376年，前秦苻坚灭前凉和代，统一北方。●

376年，袁宏（328—376）卒。继荀悦《汉纪》著《后汉纪》，别著有《竹林名士传》《三国名臣传》等。●

377年，谢玄、刘牢之招募"北府兵"。●

● 381年，晋孝武帝初奉佛法，立精舍于殿内，引沙门居之。

● 383年，前秦苻坚进攻东晋，"淝水之战"爆发。谢玄大败苻坚，北方再次陷入大分裂。殷仲堪作《致谢玄书》。

● 384年，慕容垂在荥阳称"燕王"，史称"后燕"。慕容泓据华阴，称"济北王"，史称"西燕"。姚苌自称"万年秦王"，史称"后秦"。

● 384年，习凿齿卒，著《汉晋春秋》等。

385年，释道安（312—385）卒。撰成我国第一部佛经总目《综理众经目录》，主张僧人废俗姓，以"释"为姓。●

385年，乞伏国仁自称"大单于"，都勇士城（今甘肃榆中），史称"西秦"。●

386年，鲜卑拓跋珪于牛川（今内蒙古集宁一带）复代王位，改国号"魏"，史称"北魏"。吕光自称"凉州牧""酒泉公"，史称"后凉"。●

386年，王献之（344—386）卒。书法家、画家，"书圣"王羲之第七子、晋简文帝司马昱之婿。官至中书令，为与族弟王珉区分，人称"大令"，与其父王羲之并称"二王"，并有"小圣"之称。与张芝、钟繇、王羲之并称"书中四贤"。主要有《鸭头丸帖》《中秋帖》等。●

● 392 年，后秦置学官。

● 394 年，前秦亡。

后燕慕容垂灭西燕。

396 年，后燕慕容宝定士族旧籍，校阅户口。●

396 年，拓跋珪正式称帝，是为道武帝。以沙门法果为道人统，统摄僧徒。

戴逵（326—396）卒，反对佛教的因果报应，著《释疑论》等。

397 年，秃发乌孤据金城（今天甘肃兰州西）称"西平王"，史称"南凉"。

卢水胡沮渠蒙逊据金山，史称"北凉"。

398 年，慕容德称"燕王"，史称"南燕"。

398 年，魏迁都平城（今山西大同），始建宫室、宗庙、社稷。

398 年，桓玄、慧远等展开玄学与佛教的大辩论，慧远作《明报应论》。●

399 年，北魏始置五经博士，立太学，增国子太学生三千人。命郡县大索书籍送平城。●

399 年，孙恩、卢循起义。●

399 年，高僧法显（337—422）从长安出发，往天竺取经。●

● 400 年，拓跋珪置仙人博士，立仙坊，煮炼仙药，以求长生。

● 400 年，北凉敦煌太守李暠据敦煌，称"凉公"，史称"西凉"。

● 401 年，鸠摩罗什至后秦的长安，译经达七十四部。

● 401 年，范宁（339—401）卒。《后汉书》作者范晔的祖父，反对何晏、王弼等的玄学，撰《春秋穀梁传集解》等。

● 403 年，南、北凉联合灭后凉。

桓玄废晋安帝，自称皇帝，国号"楚"。

407 年，匈奴人赫连勃勃自称"大夏天王"。

后燕慕容云灭后燕，建北燕。●

409 年，顾恺之（约345—409）卒。与曹不兴、陆探微、张僧繇合称"六朝四大家"，世传其有"才绝、画绝、痴绝"三绝。代表作有《论画》《魏晋胜流画赞》《画云台山记》《女史箴图》《洛神赋图》等。●

409 年，晋刘裕灭南燕。●

● 412 年，法显从海路返回，遭风漂至青州，次年回到建康，著《佛国记》（又名《法显传》），记其见闻。

● 412 年，北凉赵䣙制《元始历》。

413 年，赫连勃勃发十万人蒸土筑统万城（故址在今内蒙古乌审旗南白城子）。●

413 年，鸠摩罗什（344—413）卒。与弟子译成《大品般若经》《法华经》《维摩诘经》《阿弥陀经》《金刚经》等。其中"三论"（《中论》《十二门论》《百论》）为三论宗主要依据；《成实论》为成实学派主要依据；《法华经》为天台宗主要依据；《阿弥陀经》为净土宗所依"三经"之一。

● 413 年，谢灵运作《佛影铭》。

415 年，寇谦之改革道教，后世称"北天师道"。●

416 年，释慧远（334—416）卒。建庐山东林寺，成立"白莲社"。被后世推为净土宗初祖。著有《法性论》等。●

417 年，东晋灭后秦，迁长安百工于建康，设锦署。

南朝宋时，江南织锦工、缝工随日本使者东渡，推动了日本丝织技术和缝纫技术的提高。●

417 年，陶渊明作《饮酒》二十首。●

418 年，崔宏（？—418）卒。善书法，时人引为摹本。●

东晋时期，重阳节插茱萸、饮菊花酒、登高等诸多习俗基本定型。

● 420 年，东晋权臣刘裕自立为帝，国号"宋"，史称"刘宋"。此后南方又先后出现齐、梁、陈三个朝代，均建都建康，统称为"南朝"。

● 420 年，后秦始建炳灵寺石窟（今甘肃永靖）。

● 422 年，谢灵运赴永嘉太守任，有《过始宁墅》《富春渚》《七里濑》等诗。

423 年，北魏筑长城以防柔然。太武帝拓跋焘继位，崇奉道士寇谦之，设天师道场于平城，道教大盛。谢灵运作《登池上楼》《山居赋》。●

427 年，陶渊明（约 365—427）卒。有《饮酒》《归园田居》《桃花源记》《五柳先生传》《归去来兮辞》等，后人辑有《陶渊明集》。

429 年，魏崔浩撰成《国书》。●

● 430 年，倭王遣使朝宋，献方物。宋立钱署，铸四铢钱。

刘义欣治勹陂。

谢惠连作《雪赋》。

● 431 年，夏赫连定灭西秦。吐谷浑灭夏。

北魏太武帝"偃武修文"，崔浩主持大整流品，明辨士族。

● 431 年，南朝宋谢灵运编四部目录，收书 64582 卷。

● 433 年，谢灵运（385—433）卒。被推为"山水诗派之祖"。著《山居赋》等，后人辑有《谢康乐集》。

● 433 年，谢惠连（397—433）卒。明人辑有《谢法曹集》。

435 年，狮子国（今斯里兰卡）、阇婆婆达国（今印度尼西亚）、扶南并遣使献于宋。

宋禁铸铜像及擅造寺塔，汰沙门，并罢道者。●

436 年，南朝宋诏太史钱乐之更造浑仪，以水转之，昏明中星，与天相应。北魏灭北燕。●

438 年，宋文帝征雷次宗至建康，在鸡鸣山开馆授徒。时何尚之立玄学、何承天立史学、谢玄立文学，与雷次宗的儒学，并称"四学"。●

439 年，北魏灭北凉，统一黄河流域，十六国时期结束。●

439 年，鲍照作骈文《登大雷岸与妹书》及《登庐山望石门》《从登香炉峰》《望孤石》等诗。●

● 440 年，寇谦之向太武帝献《神书》，魏改元"太平真君"。

442 年，宋修鲁郡孔子庙、孔子墓及学舍。●

443 年，南朝宋著名画家宗炳（375—443）卒。所撰《画山水序》，是我国古代最早的山水画论。●

444 年，北魏禁私养沙门、巫觋于家，诏王、公、卿大夫之子诣太学，百工商贾之子各习父兄之业，不得私立学校。

宋临川王刘义庆（403—444）卒。有《世说新语》等。

445 年，宋颁行何承天所上《元嘉历》。●

445 年，范晔（398—445）被杀。著《后汉书》，为"前四史"（《史记》《汉书》《后汉书》《三国志》）之一。

446 年，笃信道教的北魏太武帝在长安下令屠杀沙门，焚经毁像，史称"太武灭佛"，为中国历史上第一次大规模的毁佛运动。

447 年，宋制大钱，以一当两。

何承天（370—447）卒。精天文历法，撰《宋书》，其《志》十五篇以续司马彪《汉志》。又撰《报应问》《达性论》，反对佛教的报应之说。●

448 年，寇谦之（363—448）卒。改革道教，仿效佛教戒律轨仪，制订了一整套道教戒律，被北魏太武帝尊为"天师"。●

● 450 年，魏太武帝至鲁郡，坏秦始皇所立刻石，以太牢祭孔。崔浩因著《国书》被杀，"国史之狱"。

● 451 年，裴松之（372—451）卒。尝奉诏注《三国志》。

456 年，颜延之（384—456）卒。与谢灵运并称"颜谢"，明人辑有《颜光禄集》。●

459 年，宋严禁占山封水。●

● 460 年，山西大同云冈石窟开凿，494 年完成。

● 462 年，宋以倭国王世子为安东将军、倭国王。

466 年，北魏立郡学，置博士、助教、生员。●

466 年，谢庄（421—466）卒。明人辑有《谢光禄集》。●

467 年，北魏建永宁寺，构七级佛屠，高三百余丈，铸大佛，用铜十万斤，黄金六百斤。

是年，顾欢作《夷夏论》。●

468 年，北魏设僧祇户。●

● 470 年，宋立总明观，置祭酒一人，儒、玄、文、史各十人。

● 470 年，鲍照（约 414—470）卒。用七言体作诗，与颜延之、谢灵运合称"元嘉三大家"。有《拟行路难》《芜城赋》《登大雷岸与妹书》等，后人辑有《鲍参军集》。

● 473 年，魏诏令劝课农桑，遣使检括户口。

以孔子二十八世孙孔乘为"崇圣大夫"，给十户以供洒扫。

● 473 年，王俭依刘歆《七略》成《七志》。

479 年，南朝宋权臣萧道成废宋自立，国号"齐"，史称"南齐"。●

479 年，齐襄阳人盗挖古墓，得竹简书青丝编，王僧虔以为《周官》的《考工记》。王僧虔作《诫子书》。●

● 481 年，北魏中书令高闾制定新律。

● 484 年，齐竟陵王萧子良开西邸，才俊之士如范云、任昉、萧衍、谢朓、沈约、王融、萧琛、陆倕等云集其门，号称"八友"。

● 484 年，北魏孝文帝下诏实行俸禄制。

● 484 年，孔稚珪《北山移文》约作于此年。

● 485 年，北魏实行均田制、租佃制。

486 年，北魏废"宗主督护制"，清户籍，立乡党三长法，作明堂、辟雍，改中书学为国子学。●

487 年，南梁萧子良移居鸡笼山西邸，集学士抄五经百家，依《皇览》例，为《四部要略》千卷。

北魏重修《国书》，改编年为纪传体。●

488 年，王俭、贾渊撰《百家谱》。沈约成《宋书》。●

488 年，臧荣绪(415—488)卒。其括两晋历史为一书，纪、录、志、传一百一十一卷，为唐修《晋书》的依据。●

489 年，王俭(452—489)卒。撰写《七志》《元徽四部书目》《古今丧服集记》等。

北魏于京师立孔子庙。

● 490 年，北魏冯太后死，孝文帝亲政。

● 491 年，北魏孝文帝诏诸州举秀才，议律令事。定官品，考校牧守，定雅乐。

● 492 年，北魏孝文帝命群臣议行次，定为"水德"。改谥孔子为"文圣尼父"。

● 493 年，北魏开始将汉语定为国语。作《职员令》，立《僧制》四十七条。

494 年，北魏孝文帝从平城迁都洛阳，改鲜卑姓氏为汉姓，士民禁穿胡服，改穿汉服，推行汉化运动，史称"孝文帝改革"。定三载考绩法。

494 年，河南洛阳龙门石窟(也称"伊阙石窟")开凿。

495 年，北魏孝文帝至鲁城（今山东曲阜）亲祠孔子，拜孔氏四人、颜氏二人为官，仍选孔宗子一人封"崇圣侯"，奉孔子祀。命兖州修孔子墓，更建碑铭。

北魏立国子学、太学、四门学、小学于洛阳。

北魏行太和五铢钱。●

495 年，孝文帝在嵩山为高僧跋陀尊者建少林寺。魏孝昌三年(527)，印度僧人达摩在此创禅宗，该寺成为禅宗祖庭。

499 年，谢朓（464—499）卒。世称"小谢"。有《谢宣城集》。●

499 年，魏王肃依江南制度定官品，凡九品，每品各有正、从。

499 年，始建义县万佛洞。●

● 500 年，数学家祖冲之（429—500）卒。他推算出圆周率的真值在 3.1415926 和 3.1415927 之间，早于欧洲一千多年，被称为"祖率"。又重造指南车，创制用水力舂米的水碓磨，制千里船。

● 500—503 年，河南巩义市石窟开凿（一说孝文帝时期），五窟多为浮雕《礼佛图》。

● 501 年，南朝齐雍州刺史萧衍率军攻入建康，灭齐。次年，自立为帝，国号"梁"。

孔稚珪（447—501）卒。后人辑有《孔詹事集》。

● 502 年，刘勰（约465—520）《文心雕龙》约撰成于本年。刘勰晚年在今山东莒县浮来山创办（北）定林寺出家为僧，法号"慧地"。

● 502 年，甘肃天水麦积山石窟创自北魏，其题记最早为本年。

● 502 年，谢赫（479—502）卒。创绘画六法，擅画人物，却不当面为人画像，只一瞥，归家作画，形神兼似。撰《古画品录》，分六品，区别画作者优劣。

● 503 年，梁置大、小道正，以道士孟景翼为道正。

505 年，江淹（444—505）卒。有《江文通集》。

507年，范缜发表《神灭论》。●

508 年，任昉（460—508）卒。时有"任（昉）笔沈（约）诗"之说。旧题《文章缘起》《述异记》为其所作，明人辑有《任彦升集》。

丘迟（464—508）卒。明人辑有《丘司空集》。●

●510年，梁武帝到国子学亲临讲习。颁行祖冲之所定《大明历》。

●511年，北魏禁天文学。

●512年，南朝梁修五礼成。

513年，沈约（441—513）卒。与谢朓创"永明体"，为中国诗歌创作走向格律化的开端。撰《宋书》，明人辑有《沈隐侯集》。●

514年，北魏于骊山（今陕西临潼东南）、白登（今山西大同东北）置银官。

516年，北魏胡太后令造永宁寺，增建石窟寺。

517年，梁武帝废境内道观，道士皆还俗。诏宗庙祭祀用面饼，余用蔬果。●

518年，北魏补刻熹平石经。●

518年，北魏宋云和僧惠生受胡太后之遣，西行取佛经。

518年，僧祐（445—518）卒。梁武帝时居钟山定林寺，著《弘明集》。

518年，何逊（？—约518）约卒于此年。明人辑有《何记室集》。

钟嵘（469—518）卒，著《诗品》等。

519年，慧皎著《高僧传》。此外还有《涅槃义疏》。

是年，苏州枫桥寒山寺始建，名"妙明普利塔院"，后因初唐僧人寒山居此而得名。

张僧繇卒，擅画佛像、龙、鹰。成语"画龙点睛"故事即出自于有关他的传说。作品有《二十八宿神形图》《汉武射蛟图》。●

●520年，王僧孺奉梁武帝命改定《百家谱》，还撰有《十八州谱》《东南谱集钞》等。

●521年，郦道元《水经注》成。

梁刘峻（462—521）卒。有"书淫"之名，编成《类苑》，著《世说新语注》等。

●522年，北魏宋云和僧惠生西域取佛经一百七十部回到洛阳。

北魏颁行《正光历》。

●522年，梁昭明太子编《文选》。

●523年，北魏六镇兵起事。北魏为宣武帝所凿伊阙佛龛部分完工。

●523年，阮孝绪撰《七录》。

●525年，崔鸿（478—525）卒。撰《十六国春秋》等。

527年，地理学家郦道元（约470—527）被杀。

528年，"河阴之变"，尔朱荣杀北魏胡太后及王公大臣两千余人。●

●531年，萧统（501—531）卒。编有我国第一部文学总集《文选》，后人辑有《昭明太子集》。

●532年，刘勰（约465—约532）约卒于此年。著《文心雕龙》等。

●534年，高欢进兵洛阳，立元见善为帝，迁都邺城，史称"东魏"。

是时，洛阳有佛寺一千三百六十七所，魏境内各地有佛寺三万余所、僧尼二百万。

●535年，权臣宇文泰拥立魏文帝元宝炬在长安即位，史称"西魏"。

536年，陶弘景（452—535）卒。自号"华阳隐居"，时人谓其为"山中宰相"。著有《真诰》《真灵位业图》《学苑》《孝经》《论语集注》《本草集注》等。

537年，萧子显（489—537）卒。曾采各家《后汉书》考订异同而成《后汉书》，撰成《齐书》（今称"南齐书"）。

538年，梁黄侃上所撰《礼记义疏》。●

539年，刘孝绰（481—539）卒。明人辑有《刘秘书集》。●

中华文化年表

● 541 年，西魏宇文泰诏颁苏绰所上"六条诏书"，作为朝廷的施政纲领及地方官员的为政准则。

东魏诏百官于麟趾阁议定法制，称为"麟趾格"。

● 541 年，梁武帝萧衍于宫城西立士林馆，延集学者。

● 544 年左右，贾思勰著成"中国古代百科全书"《齐民要术》。

546 年，梁武帝命重造同泰寺十二层佛塔，未成而侯景之乱起。●

民歌《敕勒歌》作于此年。

547 年，东魏大将侯景以河南地先降西魏，后降南梁。●

547 年，温子昇（495—547）卒。与邢劭、魏收并称为"北地三才"，明人辑有《温侍读集》。

是年，杨衒之著《洛阳伽蓝记》。●

548 年，东魏高澄至邺，因道士人数过多，罢南郊道坛。●

548 年，侯景起兵进攻建康，史称"侯景之乱"。549 年，叛军攻入建康，梁武帝被困饿死。551 年，侯景战败被杀，驻守江陵的萧绎在江陵自立为帝，史称"梁元帝"。554 年，西魏攻灭萧绎，立萧詧为傀儡皇帝，史称"后梁"。●

● 550 年，东魏大将高洋废东魏自立为帝，史称"北齐"。

西魏实行府兵制，共设百府，分二十四军，隶属于柱国大将军。

● 550—559（齐文宣帝高洋天保年间）始建响堂山石窟（位于今河北邯郸西南），后历代续有修筑。

● 551 年，梁简文帝萧纲（503—551）卒。创"宫体诗"，后人辑有《梁简文帝集》。

齐始建天龙山石窟，位于今山西太原南。现存石窟为北齐至隋唐续建。

● 552 年，突厥土门伐柔然，自号"伊利可汗"（突厥第一任可汗），号妻"可贺敦"，子弟称"特勒"（一作"特勤"）。

● 552 年，庾肩吾（487—约 552）约卒于此年。南朝梁文学家、书法理论家。"宫体诗"代表作家之一。著《书品》，明人辑有《庾度支集》。

554 年，魏收撰成《魏书》。与温子昇、邢劭齐名，世称"北地三才"。所撰《魏书》，有"秽史"之称。●

● 555 年，萧绎（508—555）卒。工书善画，曾画孔子像，为之赞而书之，时人谓之"三绝"。著《孝德传》《忠臣传》《注汉书》《周易讲疏》《老子讲疏》《全德志》《江州记》《职贡图》等，今存有《金楼子》及《梁元帝集》辑本。

● 555 年，北齐宣帝下令灭道教，令道士剃发为沙门，于是齐境无道士。

● 555 年，突厥灭柔然。

● 557 年，西魏权臣宇文觉废西魏自立为帝，国号"周"，定都长安，史称"北周"。

● 557 年，南朝梁大将陈霸先受禅称帝，国号"陈"。

● 559 年，周改都督诸州军事为总管，诸州总管自此始。

● 563 年，周造《大律》，制罪、杖、鞭、徒、流、死五刑二十五等。

是年，沙门真谛译《大乘论》《唯诚论》于广州。

564 年，齐颁律令，《律》十二篇、《令》四十卷，五刑分五等。●

568 年，周随国公杨忠卒，子杨坚袭爵。●

● 549 年，梁武帝萧衍（464—549）卒。与沈约、谢朓、王融、萧琛、范云、任昉、陆倕并称为"竟陵八友"，后人辑有《梁武帝御制集》。撰有《通史》等。

萧子云（487—549）卒。撰《晋书》《东宫新记》等。善草隶，为时人楷法，梁武帝称其书法"笔力劲峻，巧逾杜度，美过崔实"。

● 572 年，庾信约于本年作《哀江南赋》。

● 573 年，齐置士林馆，多引文学之士充之，称为"待诏"，以颜之推等判馆事。颜之推自谓一生"三为亡国人"。撰有《颜氏家训》等。

● 573 年，周太子宇文赟纳杨坚之女为妃。周武帝与群臣、沙门、道士辩论三教先后，议定以儒教为先，道教次之，佛教为后。

● 574 年，北周武帝下令，"断佛、道二教"，悉毁经像，罢沙门、道士，并令还俗。又禁诸淫祠。

577 年，周武帝伐齐，徐陵作《檄周文》。北周灭北齐，统一北方。齐后主政荒，曾作《无愁曲》自弹自唱，时人称"无愁天子"。宠穆提婆、韩长鸾，号"二贵"。齐政腐败，官由财进，狱以赂成，家奴皆开府、封王，乃至狗、马及鹰分别有仪同、郡君之号，斗鸡亦称"开府"。●

579 年，外戚杨坚控制北周政权。●

● 581 年，北周外戚杨坚代周称帝，国号"隋"，是为隋文帝。改革中央官制，建立三省六部制。后又裁并州县，规定地方九品以上的官员由中央任命。

● 581 年，庾信（513—581）卒。与徐陵同为宫廷文学的典范，称"徐庾体"。有《拟咏怀》《哀江南赋》《枯树赋》等，后人辑有《庾子山集》。

● 582 年，隋文帝令建筑师宇文恺主持建大兴城，后唐朝扩建为长安城，成为当时世界上最宏大、繁荣的城市。颁布均田令，实行租庸调法。

● 582 年，薛道衡作老子庙碑文。

● 583 年，隋伐突厥，突厥分裂为东西两部。隋迁都大兴城，罢郡，改为州、县两级行政区划。沿河置黎阳、常平、广通等仓。

● 583 年，徐陵（507—583）卒。"宫体诗"代表人物，与庾信并称为"徐庾"，有《玉台新咏》等，后人辑有《徐孝穆集》。

584 年，陈后主筑临春、结绮、望仙三阁以居张贵妃，选宫女千余人演唱，有艳曲《玉树后庭花》等。●

● 585 年，隋颁行"五礼"。大索貌阅，核查户口。作输籍法，定税额。

587 年，隋灭后梁。●
589 年，隋灭陈，统一中国。●

● 590 年，诏民年五十免收庸。

● 591 年，李德林（531—591）卒。撰《齐书》等。颜之推（530—591）卒。

● 592 年，诏死罪移大理寺复核，诸州不得专决。

● 593 年，禁私藏纬候、图谶，禁私撰国史，敕废像遗经悉令雕撰，或以为乃雕版印刷之始。牛弘使祖孝孙等参定雅乐，作武舞。

594 年，颁行雅乐，禁民间流行音乐。

万宝常（556—594）卒。音乐家，撰有《乐谱》。

禁公廨钱。●

594 年，王劭采民间歌谣，引图书谶纬，参佛经，撰《皇隋灵感志》。

595 年，诏文武官员以四年一任，任满由新官替代。

596 年，以光化公主嫁吐谷浑可汗世伏。

597 年，高僧智𫖮（538—597）卒。创天台宗，号"智者大师"。著有《法华宗玄义》《法华经文句》《摩诃止观》，世称"天台三大部"。●

598 年，诏以志行修谨、清平干济举人，或以为此乃科举制之始。●

● 7 世纪初，吐蕃首领松赞干布统一青藏高原，都逻些（今西藏拉萨）。

● 600 年，日本推古女皇遣使来聘。

● 601 年，废太学、四门学及州县学，改国子学为太学。陆法言成《切韵》。

604 年，隋文帝杨坚被杀，隋炀帝杨广继位。●

604 年，陈后主陈叔宝（553—604）卒。著作今存《陈后主集》辑本。

604、607、608、614 年，日本先后四次派遣使者入隋。●

605 年，宇文恺等奉命营建东京洛阳。隋炀帝开始开凿大运河，坐龙船巡行江都。

605—616 年，杰出工匠李春主持修建赵州桥。●

606 年，置洛口仓（即兴洛仓）于巩东南原上（今河南巩义）、回洛仓于洛阳北七里。括天下周、齐、梁、陈乐家子弟为乐户。

始设进士科，科举制度确立。

是年，天下户 8907546，口 46019956。●

607 年，颁行牛弘制新律《大业律》。改州为郡。●

607 年，突厥启民可汗入朝。

607 年，隋炀帝派遣朱宽等入海到达流球（今台湾）。

607 年，隋炀帝派裴矩经略与西域诸胡交易之事，裴矩撰成《西域图经》。●

608 年，日本派遣小野妹子一行出使隋朝，高尚玄理来隋朝学佛。●

609 年，改东京洛阳为东都。薛道衡（540—609）卒。其边塞诗中颇有豪迈之作，明人辑有《薛司隶集》。●

● 610 年，大运河南北贯通。医学家巢元方《诸病源候总论》成书。

● 610 年，天文学家刘焯（544—610）卒。撰《皇极历》。

● 611 年，隋末农民起义爆发，主要有翟让、李密领导的瓦岗军，窦建德领导的河北义军，杜伏威领导的江淮义军。

● 611—614 年，隋炀帝三次远征高丽。

● 612 年，宇文恺（555—612）卒。著有《东都图记》《明堂图议》等，均佚。

是年，杨上善编注《黄帝内经太素》（简称《太素》）。

617 年，隋太原留守李渊起兵，入长安，与民约法十二条，立代王杨侑为帝，改元"义宁"，遥尊隋炀帝为"太上皇"，李渊被封"唐王"。●

617 年，王通（584—617）卒。门人私谥"文中子"，有《中说》（又称《文中子》）等。

618 年，隋炀帝死于江都兵变，隋朝灭亡。李渊在长安称帝，国号"唐"，是为唐高祖。●

618 年，隋朝著名画家展子虔（约 545—618）卒。后人称为"唐画之祖"，传世作品主要有《游春图》等。●

618 年，王度著成《古镜记》。

619 年，唐初定租、庸、调法。王世充称帝于洛阳，国号"郑"，建元"开明"。●

● 620 年，唐立老子庙。
突厥颉利可汗立。

● 621 年，秦王李世民灭窦建德、王世充，置修文馆于门下省，延杜如晦、房玄龄等，号"十八学士"，时人称入选者为"登瀛洲"。

● 623 年，王孝通奉诏考傅仁均《戊寅历》得失。
高僧吉藏（549—623）卒。创三论宗，撰有《中论疏》《百论疏》等。

624 年，唐灭群雄，最终统一中国。
定官制，以太尉、司徒、司空为"三公"，尚书、门下、中书、秘书、殿中、内侍为"六省"，太常至太府为"九寺"。
定均田租庸调法。
太子李建成募骁勇两千余人为东宫卫士，号"长林兵"。●

● 624 年，欧阳询等人编成《艺文类聚》。

● 625 年，改"成实道场"为"法门寺"。

● 626 年，令祖孝孙等更定雅乐。628 年，唐雅乐成。初令州县祀社稷，士民闾里相从立社，汰天下僧、尼、道士、女冠，允许京师留寺三所、观二所，州郡各留一所，余皆罢之。

● 626 年，李世民（598\599—649）发动"玄武门之变"，袭杀太子建成。不久，其父高祖李渊禅位，是为唐太宗。

● 626 年，唐太宗于弘文殿聚经、史、子、集四部书二十余万卷，选虞世南、姚思廉、欧阳询等讲论。
王孝通与崔善为校勘《戊寅历》，王孝通撰《缉古算经》，为我国古代解数学三次方程现存最早的著作。
是年，温大雅卒，著有《大唐创业起居注》等。

627 年，令长孙无忌等更议定律令。
玄奘从长安启程赴天竺求取佛经。●

● 630 年，日本向唐朝派遣第一个遣唐使。

● 630 年，唐在阴山大败东突厥，抓获其首领颉利可汗，唐太宗被尊为"天可汗"。

● 630 年，定服色，三品以上常服服紫，四品、五品服绯，六品、七品服绿，八品服青，妇人从其夫色。

● 630 年，陆德明（约 550—630）卒。著《经典释文》，开唐人义疏之先。

● 631 年，诏僧、尼、道士致拜父母。
修仁寿宫，改名为"九成宫"。
是年，魏徵等人编成《群书治要》。

● 632 年，天台宗高僧灌顶（561—632）卒。著《大般涅槃经玄义》，为天台宗名著。
魏徵撰、欧阳询书丹的《九成宫醴泉铭》刻成，被推为"欧体第一"。

633 年，李世民诏孔颖达等编定《五经正义》。●

634 年，为太上皇避暑需要，唐太宗命取城北龙首原高地修建大明宫。●

● 635 年，景教（基督教的一支）教士阿罗本由波斯来中国，始于长安建寺，为基督教第一次传入中国。781 年，《大秦景教流行中国碑》立于盩厔（今周至）。

● 636 年，房玄龄、魏徵等人成周、隋、梁、陈、齐史。

更府兵制，改统军为折冲都尉，别将为果毅都尉。

637 年，房玄龄等更定律令成。改武德以来释奠太学以周公为先圣、孔子为配飨之制为以孔子为"先圣"、颜回为配飨。

魏徵上《谏太宗十思疏》。●

637 年，修老君庙于亳州，修宣尼庙于兖州。武则天年十四，入后宫，为"才人"。

是年，姚思廉（557—637）卒。为秦王文学馆学士，受诏与魏徵同修《梁书》《陈书》。颜师古奉太子之命，注《汉书》。●

● 638 年，高士廉、韦挺、令狐德棻等撰成《氏族志》，姓分九等，始以崔氏为第一，太宗命以今朝品秩高下定，以皇族为首，外戚次之，降崔氏为第三，凡 293 姓，1651 家。

● 638 年，无名氏撰《补江总白猿传》以诽谤欧阳询。

● 638 年，虞世南（558—638）卒。"凌烟阁二十四功臣"之一，书法与欧阳询、褚遂良、薛稷合称"初唐四大家"，与欧阳询并称"欧虞"。唐太宗称其有"五绝"：一曰忠谠，二曰友悌，三曰博文，四曰词藻，五曰书翰。编有《北堂书钞》。

● 639 年，魏徵上《十渐疏》。

太史令傅奕（555—639）卒。有《老子注》《老子音义》等，编《高识传》。

从高昌传入制葡萄酒法。

● 640 年，孔颖达成《五经正义》。

● 640 年，唐平高昌，设置安西都护府。

● 641 年，文成公主奉唐太宗之命，嫁给松赞干布，和亲吐蕃。

● 641 年，颜师古完成《汉书注》。骆宾王作《咏鹅》。

● 641 年，欧阳询（557—641）卒。善书，称"欧体"，为宋代雕版印刷浙本所用字体。与虞世南、褚遂良、薛稷并称为"初唐四大家"。书迹有《九成宫醴泉铭》等。主编《艺文类聚》。

643 年，魏王泰上所撰《括地志》。

643 年，"凌烟阁图画"长孙无忌、杜如晦、魏徵、房玄龄、高士廉等功臣像。●

643 年，魏徵（580—643）卒。贞观名臣。主持修撰南朝梁、陈、北齐、北周、隋史和《群书治要》，及著作《魏郑文公集》《诗集》等。●

644 年，征高丽。

王绩（约589—644）卒。作《五斗先生传》，撰《酒经》《酒谱》等，有《王无功文集》。●

● 645 年，玄奘自天竺归，于弘福寺开始译经。

道绰（562—645）卒。净土宗高僧，称"西河禅师"，著有《安乐集》。

● 645 年，颜师古（581—645）卒。颜之推之孙。考定《五经》，著作有《汉书注》《急就章注》《匡谬正俗》等。

● 646 年，玄奘进献其所撰《大唐西域记》。

647 年，高士廉（577—647）卒。凌烟阁二十四位功臣图像，高士廉位列第六。奉命编撰《氏族志》，与魏徵等撰《文思博要》。●

648 年，唐设安西四镇，控制西域。●

648 年，太宗作《帝范》以赐太子。●

648 年，房玄龄（579—648）卒。初唐名相，凌烟阁二十四功臣之一。因房玄龄善谋，杜如晦处事果断，故人称"房谋杜断"。主持编撰《晋书》，注《老子》。

孔颖达（574—648）卒。秦府十八学士之一。与魏徵等撰成《隋书》，与颜师古等撰《五经正义》。

李百药（565—648）卒。曾受诏修"五礼"、定律令，依其父旧稿撰《北齐书》。●

649 年，李靖（571—649）卒。凌烟阁二十四功臣位列第八。著《六军镜》《李卫公兵法》《唐太宗李卫公问对》等。

是年，蒙舍诏细奴罗建立"大蒙"政权。

玄应约于此年撰成《众经音义》。●

● 650 年，唐高宗（650—683 年在位）继位，摩尼教已传至中国。

● 651 年，唐高宗命长孙无忌（约 597—659）等人撰《永徽律》，后又让人撰注释，宋代改名《唐律疏议》。

● 652 年，唐高宗为安置玄奘带回的佛经，于慈恩寺内建造大雁塔，亦称"慈恩寺塔"。

● 653 年，颁孔颖达《五经正义》，明经依此考试。

● 653 年，唐临撰成《冥报记》。

655 年，唐高宗废王皇后，立武则天为皇后。●

657 年，唐朝平西突厥。

是年，长安西明寺建成。高宗命僧、尼不得受父母及尊者礼拜。

658 年，长孙无忌上所修新礼，颁行之。李善上《文选注》。●

658 年，唐重设安西四镇，擒西突厥阿史那贺鲁，分其部为六都督府，隶安西都护府。

658 年，褚遂良（596—658/659）卒。与欧阳询、虞世南、薛稷并称为"初唐四大家"。书迹有《雁塔圣教序》《孟法师碑》《伊阙佛龛》《大字阴符经》等。

659 年，许敬宗重修《氏族志》为《姓氏录》升后族武氏为一等。

659 年，孙思邈（581—682）与政府合作，编成世界上第一部国家药典《唐新修本草》。代表作有《千金要方》《千金翼方》。

是年，李延寿上所撰《南史》《北史》。●

● 660 年，高宗委武皇后处理政事。

是年，诗僧王梵志（约 590—660）卒。唐初白话诗僧。敦煌残存其诗三百多篇。

● 661 年，大食灭波斯萨珊王朝，其王子卑路斯来唐求救，唐因置波斯都护府。

● 662 年，复置律、书、算三学。

663 年，百济联合日本与唐朝、新罗联军爆发"白江口之战"。●

664 年，玄奘（600—664）卒。法相宗（唯识宗）创始人，与鸠摩罗什、真谛并称为"中国佛教三大翻译家"。有《大般若经》《心经》《解深密经》《瑜伽师地论》《成唯识论》《大唐西域记》等。●

● 665 年，李淳风在刘焯《皇极历》基础上撰《麟德历》。

是年，吕才（约 600—665）卒。奉命删定《阴阳书》，造《方域图》，参修《本草》，有《叙宅经》传世。

● 666 年，高宗至泰山"封禅"，还至曲阜，祀孔子，尊为"太师"。至亳州，谒老子庙，尊为"太上玄元皇帝"。

王勃作《送杜少府之任蜀州》。

● 666 年，令狐德棻（583—666）卒。参与编撰《艺文类聚》，主编《北周书》，有《凌烟阁功臣故事》《令狐家传》等。

● 667 年，道宣（596—667）卒。南山律宗创始人。著《续高僧传》《广弘明集》等。

668 年，唐朝灭高句丽。

668 年，智俨（602—668）卒。华严宗二祖之一。著《华严经搜玄记》等。

高僧道世撰成《法苑珠林》。●

● 670 年，吐蕃陷西域十八州，唐罢安西四镇。

杨炯作《从军行》。

670 年，李淳风（602—670）卒。天文学家、数学家，参与编撰《晋书》《隋书》的"天文志""律历志"，著《乙巳占》，注释《周髀算经》《九章算术》等。

● 671 年，虞世南子虞昶监造《妙法莲华经》，乃唐代官定经本。

● 672 年，王羲之裔孙释怀仁集王羲之书法成集王书圣教序碑。

● 672 年，卢照邻作《长安古意》。

673 年，著名画家阎立本（约 601—673）卒。曾绘《秦府十八学士图》等，传世画作有《职贡图》《历代帝王图》《步辇图》等。●

674 年，唐高宗李治称"天皇"，皇后武则天称"天后"。改章服制，文武官一至九品，服色以紫、绯、绿、青为差，带以金、银、黄铜为别，庶人服黄，铜铁带。

674 年，采天后建议，令王公以下皆习《老子》，明经科加试《老子》。●

● 675 年，天后引元万顷等"北门学士"，撰《列女传》《臣轨》等。

● 675 年，王勃作《滕王阁序》。

是年，龙门石窟奉先寺（672—675）完成。奉先寺原名"大卢舍那像龛"，武则天亲率朝臣参加"开光"仪式。

● 676 年，因桂、广、交、黔等府之州、县官不由吏部选授，出现选择不精之弊，特下诏每四年遣五品以上京官往其地铨选，时人谓之"南选"。

● 676 年，骆宾王作《帝京篇》。

● 676 年，王勃（约 650—676）卒。"文中子"王通之孙，与杨炯、卢照邻、骆宾王并称"初唐四杰"。代表作是《滕王阁序》，有《王子安集》。

678 年，刘希夷作《代悲白头翁》。●

679 年，刘希夷（651—约 679）约卒于此年。有《代悲白头翁》《从军行》等。

唐筑碎叶城（今吉尔吉斯斯坦北部托克马克附近）。●

● 680 年，废太子李贤为庶人，立英王李显为太子。

文成公主卒于吐蕃。

● 680 年，骆宾王作《在狱咏蝉》。

卢照邻（约636—约680后）约卒于此年之后。与王勃、杨炯、骆宾王并称"初唐四杰"。代表作有《长安古意》《行路难》等，有《幽忧子集》。

是年，沙门禅师智运于洛阳龙门山南凿一万五千余尊佛像成，名"智运洞"，又名"万佛洞"。

● 682 年，孙思邈（581—682）卒，有"药王"之称。著《备急千金要方》《千金翼方》，其《孙真人丹经》中首次记载了火药配方。

裴行俭（619—682）卒。军事家、书法家。著《选谱》《草字杂体》和《文集》等

● 682 年，《王勃文集》编成，杨炯为之作《序》。

684 年，武则天废唐中宗为庐陵王，逼迫故太子李贤（654—684）自杀。●

684 年，骆宾王因参与徐敬业反武则天的起事，兵败被杀。与王勃、卢照邻、杨炯并称"初唐四杰"。有《骆宾王文集》传世。●

● 686 年，新罗请《礼记》，赐之。

● 689 年，颁行宗秦客所造十二个新字，为避太后自名"曌"讳，改"诏"曰"制"。

● 690 年，太后策贡士于洛城殿，为后世进士殿试之始。

● 690 年，武则天代唐自立称帝，改国号"周"，史称"武周"，是我国历史上唯一的女皇帝。

691 年，武则天升佛教于道教之上。●

692 年，唐复置安西四镇。●

693 年，命宰相撰《时政记》，月送史官，撰《时政记》自此始。

罢举人习《老子》，改习武则天撰《臣轨》。●

693 年，杨炯（650—约693后）约卒于此年之后。与王勃、卢照邻、骆宾王并称"初唐四杰"。代表作是《从军行》，有《盈川集》。●

694 年，摩尼教始传入中国。●

唐朝前期，纺织印染技术镂版印染的"夹缬法"和涂蜡印染的"绞缬法"已渐流行。

● 696 年，新明堂成，号曰"通天宫"。

● 697 年，陈子昂作《登幽州台歌》。

● 698 年，粟末靺鞨首领大祚荣在高句丽故地建立震国。713 年，被唐封为"渤海郡王"。

● 698 年，李怀让重修莫高窟，窟龛增至千余。

● 698 年，陈子昂作《与东方左史修竹篇》诗并序。

701 年，李峤作《杂咏诗》。

苏味道作《单题诗》。

张昌宗、李峤等撰《三教珠英》成，开元初（836）改名《海内珠英》。●

702 年，陈子昂（659—702）被武三思指使射洪县令诬陷死。代表作是《感遇》三十八首，有《陈伯玉集》。●

702 年，武则天于庭州（今新疆吉木萨尔北破城子）设置北庭都护府，管理西突厥故地，仍隶属于安西都护府。●

704 年，实叉难陀译成《大乘入楞伽经》。●

中华文化年表

● 705 年，武则天病逝。敬晖与宰相张柬之发动政变，唐中宗李显复位，复国号为"唐"。

是年，天下户 615 万，口 3714 万。

● 706 年，神秀（606—706）卒。禅宗五祖弘忍弟子，禅宗北宗创始人。经其努力，禅宗思想在北方宗教思想中占据重要地位。

崔融（653—706）卒。与苏味道、李峤、杜审言并称"文章四友"。

● 706 年，允许太平、长宁、安乐、宜城、新都、定安、金城等公主开府，设置官署。

● 707 年，吐蕃派遣使者入唐，唐许以金城公主嫁吐蕃赞普。

708 年，王维作《过秦皇墓》等诗。

置修文馆大学士四员，直学士八员，学士十二员，选公卿以下善为文者李峤等为之。●

● 708 年，杜审言（约 645—708）卒。杜甫祖父，"文章四友"之一。宋人辑有《杜审言集》。●

● 710 年，金城公主入藏，嫁给吐蕃赞普尺带珠丹。

● 710 年，刘知几撰成我国第一部史学批评著作《史通》。

王维作《九月九日忆山东兄弟》。

● 710 年，李隆基与太平公主合谋杀韦后及安乐公主、上官婉儿、宗楚客等，立睿宗，李隆基为太子。以宋璟为吏部尚书、姚崇为兵部尚书，恢复尚书曰中铨，侍郎曰东、西铨的"三铨"选官制度。

● 712 年，睿宗让位于唐玄宗，"开元盛世"开始。

● 712 年，宋之问（约 656—712）卒。与沈佺期并称"沈宋"，与陈子昂、卢藏用、司马承祯、王适、毕构、李白、孟浩然、王维、贺知章称为"仙宗十友"。主要作品为《度大庾岭》等，有《宋之问集》。

713 年，贵州名僧海通开始动工开凿乐山大佛，历时九十年完工。

慧能（638—713）卒。禅宗南宗的开创者，称"禅宗六祖"。著有《坛经》等。

高僧义净（635—713）卒。前往天竺取经，历二十五年。著《大唐西域求法高僧传》等。●

713 年，宦官高力士因参与平定太平公主之乱而被封官，宦官势力抬头自此始。●

714 年，唐在广州设市舶使。置左右教坊以教俗乐，选乐工数百人由玄宗在梨园亲自教唱歌曲，号"皇帝梨园弟子"。汰天下僧尼还俗者一万二千余人。复置十道按察使。●

● 714 年，沈佺期（约 656—714）卒。与宋之问并称"沈宋"。今存《沈佺期集》。●

● 716 年，李思训（651—716，一作 648—713）卒。著名画家，与其子昭道均擅画山水，世称"大李将军""小李将军"。作品有《江帆楼阁图》等。

● 716 年，孟浩然作《洞庭湖》献于张说。

● 717 年，日本吉备真备（日本片假名制定者）、阿倍仲麻吕（晁衡）随遣唐使到唐朝。

720 年，张若虚（646—720）卒。与贺知章、张旭、包融，并称"吴中四士"，诗以《春江花月夜》最为有名。●

721 年，姚崇（650—721）卒。开元名相，与房玄龄、杜如晦、宋璟并称"唐朝四大贤相"。

刘知几（661—721）卒。撰武则天、中宗、睿宗实录，预修《三教珠英》，仅《史通》存世。

721 年，元行冲上《群书四录》，收书 48669 卷。

723 年，置丽正书院，聚文学之士如徐坚、贺知章等，或修书，或侍讲，张说为修书使总其事。●

724 年，李白作《峨眉山月歌》《渡荆门送别》等诗。●

● 725 年，僧一行主持世界上第一次测量地球子午线的长度，他也是世界上第一位发现恒星位置变动的天文学家。

● 725 年，祖咏作应试诗《雪霁望终南诗》。

王昌龄作《出塞行》《山行入泾州》等边塞诗。

● 725 年，玄宗封禅泰山，封泰山神为"天齐王"。

● 726 年，唐朝设立黑水都督府。

● 726 年，李白作《金陵酒肆留别》等诗。

瞿昙悉达尚撰成唐以前纬书集成《开元占经》。

是年，天下户 7069565，口 41410712。

727 年，僧一行（683—727）卒。著有《开元大衍历》等。

苏颋（670—727）卒。袭爵许国公，与燕国公张说齐名，并称"燕许大手笔"。有《苏颋集》。●

728 年，裴漼撰《少林寺碑》，记十三棍僧救秦王事。

孟浩然作《题长安主人壁》等诗。●

729 年，限明经、进士及第每岁不过百人。唐玄宗生日，定每年的八月五日为"千秋节"。●

729 年，元行冲（653—729）卒。博学，精训诂。撰《魏典》，曾为玄宗注《孝经》。

孟浩然作《宿建德江》等诗。●

● 730 年，张鷟（约 658—约 730）约卒于此年。有《朝野佥载》《游仙窟》等。

张说（667—730）卒。与许国公苏颋并称"燕许大手笔"。有《张燕公集》（一说《张说之文集》）。

● 731 年，李白作《蜀道难》等诗。

● 732 年，萧嵩上新修《开元礼》。其中规定，不论士人、平民，均于"寒食上墓"。"寒食节"扫墓祭祖被以法令的形式确立下来。

733 年，孟浩然作《留别王维》《岁暮归南山》等诗。●

李白作《梁甫吟》诗。

733 年，金城公主请立碑于赤岭（今青海湟源西日月山），以分唐与吐蕃之境。

是年，天下户 7861236，口 45431256。时有官自三师以下 17686，吏自左史以上 57416 员。

是年，分天下为十五道，各置采访使，以"六条"检察非法。●

734 年，李白游历于洛阳、嵩山，辞别元演、元丹丘，返回安陆。日人吉备真备携《唐礼》《大衍历》《乐书》等归国。●

● 735 年，杜甫自吴、越返，赴东都举进士未果。

李白作《黄鹤楼送孟浩然之广陵》等诗。

● 736 年，李白与元丹丘等人宴饮，作《将进酒》等诗。

高适在长安与颜真卿、张旭等人交游。

● 736 年，张九龄上《千秋金镜录》，述前世兴废之源。

严挺之撰、史惟则隶书《大智禅师碑》刻成，清孙承泽誉为"开元书法第一碑"。

● 737 年，孟浩然在张九龄幕，二人有诗唱和。

王维作《使至塞上》等诗。

宋璟（663—737）卒。与房玄龄、杜如晦、姚崇并称"唐朝四大贤相"。与姚崇并称为"姚宋"。有集十卷。

● 737 年，初置玄学博士，令习《老子》《庄子》《列子》《文子》，每岁依明经举，亦曰"道举"。

改明经试帖诵为试大义十条、时务策三首，改进士试诗赋为试大经（《礼记》《左氏传》）十帖。

西北边地，始用"和籴之法"。

● 738 年，蒙舍诏首领皮逻阁建立南诏（738—902），唐赐名"蒙归义"，册封其为"云南王"。

● 738 年，敕撰《唐六典》成。

高适作《燕歌行》。

是年，敕诸州郡各建一大寺，曰"开元寺"。

739 年，李白作《赠孟浩然》诗。

王昌龄自氾水尉谪岭南，至襄阳，孟浩然作诗送别。 ●

739 年，追谥孔子为"文宣王"。 ●

● 740 年，张九龄（约678—740）卒。被誉为"岭南第一人"。代表作《感遇诗》等，有《张曲江集》。

孟浩然（689—740）卒。长于山水诗，与王维并称"王孟"，作《春晓》等名篇。有《孟浩然集》。王维作《哭孟浩然》《汉江临眺》诗。

李白有诗送孔巢父等归山，并同隐于徂徕山，号"竹溪六逸"。

● 741 年，王维隐居终南山，作《终南别业》《终南山》等诗。

王昌龄作《芙蓉楼送辛渐二首》。

742 年，贺知章见李白，呼为"天上谪仙人"。

王之涣（688—742）卒。代表作是《登鹳雀楼》（一说此诗作者为朱斌）《凉州词》等。 ●

743 年，李白在长安，与贺知章等作"饮中八仙"之游。此年前后，作《古风五十九首》中的部分篇章。 ●

744 年，是年改年曰"载"。

回纥骨力裴罗自立为汗，遣使入唐，唐封其为"怀仁可汗"。

六十岁的唐玄宗纳二十六岁的原寿王妃杨太真于宫中。 ●

● 744 年，贺知章（659—约744）约卒于此年。与张旭、包融、张若虚并称"吴中四士"。有《咏柳》《回乡偶书》等。

李白被"赐金放还"，自梁园东下，与杜甫、高适三人同游梁、宋，有《梁园吟》《鸣皋歌送岑征君》等诗。

王维有《辋川别业》《山居秋暝》《秋夜独坐》等诗。

● 744 年，芮挺章选八十五位唐诗人作品编成《国秀集》。

● 747 年，杜甫作《饮中八仙歌》。李白作《梦游天姥吟留别》。

● 747 年，李邕（678—747）卒。能诗善文，工书法，尤擅行楷书。传世碑刻有《麓山寺碑》《李思训碑》《洪州放生池碑》等，明人辑有《李北海集》。

748 年，改皇帝生日"千秋节"为"天长节"。

杜甫诗《春日忆李白》约作于此年。

李白有《越中览古》《越中秋怀》等诗。 ●

749 年，李白作《登金陵凤凰台》等诗。

王昌龄作《留别》《九江口作》等诗。 ●

● 750 年，钱起等人进士及第，其应试诗《湘灵鼓瑟》颇受赞誉。杜甫作《奉赠韦左丞丈二十二韵》。李白作《闻王昌龄左迁龙标遥有此寄》。

● 750 年，张旭（675—750）约卒于此年。善草书，嗜酒，世号"张颠"，时人以李白诗歌、裴旻舞剑、张旭草书为"三绝"。与李白、贺知章等人共列"饮中八仙"。与贺知章、张若虚、包融号称"吴中四士"。书法与怀素齐名，被后人誉为"草圣"。传世作品有《古诗四帖》《肚痛帖》等。

● 751 年，唐朝与阿拉伯帝国阿拔斯王朝爆发"怛罗斯之战"，唐朝战败，造纸技术随被俘工匠传入阿拉伯世界。

● 751 年，孙愐编成《唐韵》，于隋陆法言《切韵》基础上增字加注而成。杜甫作《兵车行》等诗。

● 752 年，王焘编成《外台秘要》。殷璠编成《河岳英灵集》，选开元二年至天宝十二载间二十四位诗人诗作二百二十四篇。杜甫作《前出塞》《曲江三章》等诗。李华作《吊古战场文》。

● 752 年，改吏部为文部，兵部为武部，刑部为宪部。南诏阁罗凤自立，国号"大蒙"。

● 753 年，唐朝高僧鉴真（687—763）东渡日本，传律宗。

● 753 年，李白作《陪侍御叔华登楼歌》等诗。杜甫作《丽人行》等诗。高适作《李云南征蛮》。吐蕃医学家编成藏医巨著《据悉》（即《四部医典》）。

● 753 年，"和雇"京城丁户筑兴庆宫。

754 年，杜甫作《秋雨叹三首》。李白作《秋浦歌》等诗。岑参作《走马川行奉送出师西征》诗。崔颢（？—754）卒。代表作是《黄鹤楼》，有《崔颢诗集》。

是年，天下郡321，县1538，乡16829，户9069154，口52880488。●

● 755 年，"安史之乱"爆发。

● 755 年，颁玄宗亲注《老子》及义疏于天下。杜甫作《自京赴奉先县咏怀五百字》《后出塞五首》等诗。李白居宣城，有《赠汪伦》诗。

● 756 年，安禄山在洛阳称"大燕皇帝"，建元"圣武"。唐玄宗及皇室奔蜀，"马嵬驿兵变"杀杨贵妃。太子李亨于灵武（今宁夏灵武南）继位，是为肃宗，尊玄宗为"太上皇"。

是年，封演中进士，曾撰有《封氏闻见记》。

757 年，安禄山被其子安庆绪所杀。唐军收复长安，玄宗归居兴庆宫。置"北牙六军""英武军"。两京收复后，陷贼官分六等定罪。储光羲贬岭南。王维因写有《凝碧池》诗以明志，获免罪。

唐玄宗时，因避玄宗八月初五日生日之讳，宋璟建议将"端五节"改为"端午节"。●

757 年，杜甫作《春望》《北征》《哀江头》《羌村三首》《彭衙行》等诗。李白因从永王李璘而获罪，系浔阳狱，长流夜郎。●

757 年，王昌龄（698—757）卒。被称为"诗家夫子王江宁"，誉为"七绝圣手"。代表作有《从军行》《出塞》等，后人辑有《王昌龄集》。●

中华文化年表

● 758 年，神会（684—758）卒。禅宗"菏泽大师"，著《显宗记》。

● 758 年，王维作《谢除太子中允表》。

钱起作《过王舍人宅》《中书王舍人辋川旧居》等诗。

杜甫作《洗兵马》《曲江二首》等诗。

● 759 年，吴道子（约 680—759）卒。著名画家，开创"兰叶描"，被后人称为"画圣"，有"吴带当风"美誉。作品有《天王送子图》《明皇受篆图》《地狱变相》等。

● 759 年，李白于流贬途中遇赦，东下江陵，有《早发白帝城》等诗。

杜甫作"三吏""三别"《赠卫八处士》《梦李白二首》《秋笛》《同谷七歌》等诗。

刘长卿作《余干旅舍》《登余干古县城》诗。

● 760 年，追谥太公望为"武成王"，依文宣王例立庙，选历代名人为"亚圣""十哲"。

● 760 年，杜甫在成都西郊浣花溪畔修筑草堂定居。

王维在尚书右丞任，有《责躬荐弟表》。

元结编《箧中集》，收沈千运等七人诗二十四首。

● 761 年，杜甫为检校尚书工部员外郎，有《春夜喜雨》《戏为六绝句》《江畔独步寻花七绝句》《茅屋为秋风所破歌》等诗。

● 761 年，王维（约 701—761）卒。与孟浩然并称"王孟"，苏轼评价其"诗中有画""画中有诗"。代表作为《山居秋暝》《使至塞上》等，有《王右丞集》。

● 762 年，李白（701—762）卒。被誉为"诗仙"，与杜甫齐名，世称"李杜"。代表作有《望庐山瀑布》《早发白帝城》《蜀道难》《行路难》《梦游天姥吟留别》等，有《李太白集》。

● 762 年，以李辅国为司空兼中书令，为历史上唯一一位宦官任宰相之人。

● 763 年，"安史之乱"平息。

高适作《谢上剑南节度使表》。

杜甫作《闻官军收河南河北》。

储光羲（约 707—约 763）约卒于此年。明人辑有《储光羲诗集》。

● 763 年，鉴真（688—763）圆寂于日本唐招提寺。著《戒律三部经》《鉴真上人秘方》等。

764 年，杜甫在成都有《忆昔》《丹青引》等诗。

是年，天下户 290 余万，口 1690 余万。●

● 765 年，唐代宗以升平公主嫁郭子仪子郭暧。
岑参作《送郭仆射节制剑南》诗。杜甫作《旅夜书怀》等诗。

● 765 年，高适（约 700—765）卒。与岑参并称为"高岑"。代表作《燕歌行》，有《高常侍集》。

●766 年，杜甫自云安移居夔州，有《壮游》《八哀诗》《秋兴八首》《阁夜》《咏怀古迹五首》《诸将五首》等诗。

● 766 年，以刘晏与第五琦分理天下财赋。
杜光庭书丹的《南诏德化碑》刻立于太和城（今云南大理太和村西）。

767 年，唐代宗大历年间，李端、卢纶、吉中孚、韩翃、钱起、司空曙、苗发、崔峒、耿沣、夏侯审等文咏唱和，驰名都下，号"大历十才子"。

767 年，陆羽约于此年左右撰成《茶经》。
由李阳冰篆书书丹的《三坟记》刻成。●

768 年，许回纥在长安建摩尼教寺，赐额"大云光明寺"。●
杜甫赴岳阳，有《登岳阳楼》诗。

769 年，杜甫作《南征》《过南岳入洞庭湖》等诗。●

769 年，李含光（682—769）卒。茅山道士，茅山宗第十三代宗师。著有《周易义略》《老庄学记》《三玄异同论》等。颜真卿为其撰碑铭。

● 770 年，杜甫（712—770）卒。现实主义诗人，被称为"诗圣"，诗被誉为"诗史"。有《杜工部集》。
岑参（约 715—770）卒。与高适并称为"高岑"。代表作为《白雪歌送武判官归京》等，有《岑嘉州诗集》。
日人阿倍仲麻吕（汉名"晁衡"，701—770）卒于长安，李白曾有《哭晁卿衡》，王维有《送秘书晁监还日本国》。著有《古今集》。

● 771 年，由元结撰文、颜真卿楷书书丹的《摩崖碑》刻成。

● 772 年，元结（719—772）卒。编《箧中集》，作有《大唐中兴颂》《丐论》《处规》《出规》等。明人辑有《元次山文集》。

● 774 年，李华（约 715—774）卒。与萧颖士齐名，世称"萧李"。提倡古文运动，为古文运动先驱。有《李遐叔文集》。
张志和往湖州拜谒颜真卿，作《渔父词》五首。

● 774 年，胡僧不空（705—774）卒。密宗创始人，与善无畏、金刚智并称"开元三大士"。永泰元年译成《仁王护国般若婆罗蜜多经》及《大乘密严经》，唐代宗作序，并赐号"大广智三藏"。
张志和（约 732—774）卒。著《渔父》词五首及《玄真子》等。

777 年，颜真卿奉召入朝，其在湖州五年所作诗文，编为《吴兴集》。

独孤及（725—777）卒。散文家，与萧颖士、李华齐名。有《昆陵集》传世。●

778 年，张继约卒于此年前后。有《张祠部诗集》。●

中华文化年表

● 780 年，唐德宗采用杨炎的建议，颁行两税法。

李益入崔宁幕，有《从军行》等诗。

是年，高仲武编成《中兴间气集》。

● 781 年，立《大唐景教流行中国碑》。

沈既济作《任氏传》。

● 782 年，钱起（约 720—约 782）约卒于此年。被誉为"大历十才子之冠"。又与郎士元齐名，称"钱郎"，当时称为"前有沈宋，后有钱郎"。代表作《湘灵鼓瑟》，有《钱考功集》。

徐浩（703—782）卒。书法家，与颜真卿齐名。传世书迹有《朱巨川告身》《不空和尚碑》等。

湛然（711—782）卒。"天台宗九祖"之一。有《法华玄义释签》《法华文句记》等。

784 年，著名书法家颜真卿被李希烈杀害（709—784）。书法端庄雄伟，世称"颜体"，与柳公权、欧阳询、赵孟頫并称为"楷书四大家"。又与柳公权并称"颜柳"，被称为"颜筋柳骨"。代表作有《颜氏家庙碑》《麻姑仙坛记》等。宋人辑有《颜鲁公集》。●

● 785 年，书法家怀素（725—785）卒。以草书知名，号"狂草"。与孙过庭、张旭并称"草书三大家"，与张旭并称"颠张醉素"，史称"草圣"。传世书迹有《自叙》《苦笋》《圣母》《论书》《小草千文》等帖，著有《四分律开宗记》等。

● 785 年，韦应物作《滁州西涧》等诗。

● 786 年，赵元一撰成《奉天录》。

刘长卿（709—786）卒。擅五言诗，自诩"五言长城"。代表作《逢雪宿芙蓉山主人》《送灵澈上人》等，有《刘随州集》。

787 年，韩滉（723—787）卒。存世作品有《文苑图》《五牛图》等。

戴叔伦作《题招隐寺》等诗。●

788 年，唐德宗以农历二月一日为"中和节"，与三月三日"上巳节"，九月九日"重阳节"合称"三令节"。

高僧道一（709—788）卒。"洪州宗"创始人，唐宪宗时赐谥"天寂禅师"。●

789 年，设三礼举，以重礼仪教化。●

789 年，戴叔伦（732—789）卒。工诗，有《戴叔伦集》。

李朝威约于此年作《柳毅传》。●

● 790 年，司空曙约卒于此年，"大历十才子"之一。代表作《贼平后送人北归》《江村即事》《云阳馆与韩绅宿别》等，有《司空曙诗集》。

● 792 年，韦应物（约 737—792）卒。与柳宗元并称为"韦柳"。有《韦苏州集》。

皎然约卒于此年前后。皎然为谢灵运十世孙，刘禹锡称其诗"能备众体"。有《抒山集》（或称《吴兴集》《昼上人集》）等。

● 793 年，税茶。茶税之征自此始。

王泾撰成《大唐郊祀录》。

● 793 年，韩愈、孟郊、柳宗元等人同登长安慈恩寺塔，金榜题名。

梁肃（753—793）卒。唐古文运动的先驱者之一。

● 793 年，诗僧寒山约卒于此年。又称"寒山子"。有《寒山拾得诗》。

● 794 年，李观（766—794）卒。与韩愈等同登进士第，时称"龙虎榜"。有《李观文集》。

● 795 年，白行简撰《李娃传》。

● 796 年，孟郊作《登科后》等诗。

799 年，卢纶约卒于此年，"大历十才子"之一。明人辑有《卢纶诗集》。欧阳詹卒。有《欧阳行周集》。●

● 800 年，韩愈在汴州作《与孟东野书》。

元稹著《莺莺传》成。

沈既济（约750—800）卒。著有《枕中记》《任氏传》《建中实录》等。

● 800 年，沙门圆照奉诏撰成《贞元新定释教目录》，体例因袭《开元释教录》。

● 801 年，杜佑（735—812）撰成我国第一部制度史《通典》。

● 801 年，孟郊作《游子吟》。

韩愈在洛阳作《送李愿归盘谷序》。

● 802 年，李公佐撰《南柯太守传》。

803 年，柳宗元约于本年作《种树郭橐驼传》。

苏弁撰《会要》。●

804 年，陆羽（约733—804）卒。被誉为"茶仙"，尊为"茶圣"，祀为"茶神"。著《茶经》，为世界上第一部茶叶专著，又有《谑谈》。●

● 805 年，王叔文改革，罢"宫市"，"二王八司马"事件。

● 805 年，陆贽（754—805）卒。后人编其奏议为《翰苑集》（又名《陆宣公奏议》），编辑《陆氏集验方》。

贾耽（730—805）卒。绘《海内华夷图》《陇右山南图》等，著有《备急单方》《古今郡国县道四夷述》《贞元十道录》《皇华四达记》《吐蕃黄河录》等。

● 806 年，出现私人创设的货币汇兑方式"飞钱"，亦称"便换"。

● 806 年，柳宗元在永州作《永州龙兴寺西轩记》《首春逢耕者》《春怀故园》等。

顾况约卒于本年，号"华阳山人"。明人辑有《华阳集》。

● 807 年，白居易作《观刈麦》。

李吉甫撰成《元和国计簿》。

刘肃撰成《大唐新语》。

808 年，"牛李党争"初起。

李贺以诗拜谒韩愈，韩愈称许其《雁门太守行》。●

809 年，元稹妻韦氏卒于长安，元稹作《祭亡妻韦氏文》。●

● 810 年，韩愈作《毛颖传》。

释慧琳撰成《一切经音义》（亦名《慧琳音义》《大藏音义》）。

● 811 年，贾岛赴长安拜谒韩愈、孟郊，有诗《投孟郊》。

吕温（771—811）卒。名篇有《凌烟阁功臣铭》《偶然作》等，有《吕衡州集》。

813 年，李吉甫撰《元和郡县图志》，为我国现存最早、最完整的地理总志。

韩愈作《进学解》。

韩弘进《圣朝万岁乐谱》。●

814 年，孟郊（751—814）卒。与韩愈并称"韩孟"，有"孟诗韩笔"之称；与贾岛并称"郊寒岛瘦"。代表作有《游子吟》等，有《孟东野诗集》。

王建有诗《哭孟东野二首》，贾岛有《哭孟郊》等。

百丈禅师怀海（720—814）卒。订制百丈山禅院清规，世称"百丈清规"。●

815 819 820

● 815 年，权德舆奏行新删定敕格《长行敕》。

● 816 年，白居易在江州司马任，有《琵琶行》。

● 816 年，李 贺（790—816）卒。诗长于乐府，被严羽誉为"长吉体"，代表作为《雁门太守行》等，与李白、李商隐称为"唐代三李"，后人常称他为"鬼才""诗鬼"。有《昌谷集》。

灵 澈（746—816）卒。与刘禹锡、刘长卿、吕温交往甚密。著有《律宗引源》《大藏治病药》等。

817 年，白居易有诗《大林寺桃花》等。

李肇撰成《翰林志》，被南宋洪迈收入《翰苑群书》。●

818 年，唐宪宗派使至法门寺迎佛骨。●

818 年，李公佐撰《谢小娥传》。

818 年，权德舆（759—818）卒。曾编《童蒙集》，修《长行敕》，有《权德舆集》。

郑余庆等详定《格后敕》。

● 819 年，韩愈上《论佛骨表》，被贬潮州刺史，赴任途中作《左迁至蓝关示侄孙湘》。

柳宗元（773—819）卒。与韩愈等人倡导古文运动，并称"韩柳"，与韦应物并称"韦柳"，名列"唐宋八大家"。代表作有《捕蛇者说》《永州八记》等，有《柳河东集》。

张仲素（约769—819）卒。代表作有《春闺思》《塞下曲》等。

● 819 年，苏州宝带桥建成。

● 820 年，韩愈作《祭柳子厚文》《柳子厚墓志铭》。

韦处厚撰成《翰林学士记》，详述唐代翰林院制度，有"知不足斋丛书"本。

是年，天下户 2375400，口 1576 万。

● 821 年，贾岛作《赠元稹》。

元稹撰成《承旨学士记》，收入洪迈《翰苑群书》。韦绚撰成《刘宾客嘉话录》。

● 822 年，设"三史科"（即《史记》两《汉书》《三国志》）。

823 年，"唐蕃会盟"，立《长庆会盟碑》（又称《唐蕃会盟碑》）于逻些。●

823 年，白居易在杭州作《钱塘湖春行》等诗。

马总（806—820）卒。著《意林》《奏议集》《唐年小录》等。●

824 年，白居易《杭越寄和诗集》《三州唱和诗集》结集。

元稹为白居易编成《白氏长庆集》并作序。李肇撰成《唐国史补》，于刘𫗧《国朝传记》多有续补。

韩愈（768—824）卒。名列"唐宋八大家"之首，苏轼称其"文起八代之衰"，与柳宗元并称"韩柳"，有"文章巨公""百代文宗"之名。后人将其与柳宗元、欧阳修和苏轼合称"千古文章四大家"。被称为"广东古八贤"之一。有《昌黎先生集》。●

824 年，杭州筑"白堤"。●

815 819 820

● 825 年，朱庆馀作《近试上张籍水部》呈予张籍，张籍有赠答诗《酬朱庆馀》。

● 826 年，杜牧《阿房宫赋》约作于此年。

白行简（776—826）卒。白居易弟。有传奇《李娃传》《三梦记》《天地阴阳交欢大乐赋》等。

827 年，杜牧作《感怀诗》。●

828 年，刘禹锡作《再游玄都观》诗。

韦处厚（773—828）卒。曾修《德宗实录》《元和实录》等，著《六经法言》《大和国计》等。●

829 年，南诏攻入成都外郭城，俘掠百工而去。自此，南诏手工技巧可与蜀中并称。

829 年，白居易编《刘白唱和集》。

李益（748—约829）约卒于此年。以边塞诗著称，如《塞下曲》《夜上受降城闻笛》等。有《李君虞诗集》。

李繁卒。李泌之子。撰有《邺侯家传》。●

● 830 年，《大秦景教宣元至本经幢记》立于洛阳。

牛僧孺约于本年撰成《玄怪录》。

● 830 年，张籍（约767—约830）约卒于此年。诗与王建并称为"张王"。有《张司业集》。

王建（约767—约830）约卒于此年。长于乐府诗，与张籍并称"张王"，《宫词》描写宫廷奢靡生活，对后世此类作品影响较大。有《王司马集》。

● 831 年，杜牧作《李贺集序》。

元稹（779—831）卒。与白居易共倡新乐府运动，并称"元白"。著《莺莺传》，有《元氏长庆集》。

崔护（？—831）卒。代表作有《题都城南庄》《山鸡舞石镜》《五月水边柳》等。

● 832 年，温庭筠有诗《送渤海王子归本国》。

沈亚之（781—832）卒。著《湘中怨解》《异梦录》，有《沈下贤集》。

833 年，杜牧作《罪言》《战论》《守论》，评论时事。●

● 835 年，敕禁诸道私置日历版，为民间雕刻历书最早的记载。

● 835 年，"甘露之变"，唐后期的宦官专权达到顶峰。

● 835 年，姚合编成《极玄集》。

蒋防（792—835）卒。著《霍小玉传》等。

白居易在洛阳作《梦刘二十八因诗问之》。

卢仝遇害。其诗称为"玉川体"或"卢仝体"。作《月食》长诗等，有《卢仝诗集》。

● 836 年，李商隐作《有感二首》《重有感》《曲江》等诗。

白居易自编《白氏文集》。

837 年，立石经于国子监，后世称"开成石经"。

李商隐有《行次西郊作一百韵》。

杜牧在扬州作《题扬州禅智寺》等诗。●

838 年，李商隐作《安定城楼》等诗。

白居易有《忆江南》三首。●

中华文化年表

● 840 年，西迁回鹘建喀喇汗（黑汗）王朝，9 至 10 世纪，开始信奉伊斯兰教，成为中国境内操突厥语族所建第一个穆斯林王朝。

840 年，柳璟奉诏撰成《续唐皇室图谱》。

● 841—846 年，唐武宗灭佛，并亲受道教法箓，尊崇道教。

● 842 年，杜牧作《郡斋独酌》。

郑还古撰《博异志》。

● 842 年，刘禹锡（772—842）卒。有"诗豪"之称，与柳宗元并称"刘柳"，与白居易并称"刘白"，与韦应物、白居易合称"三杰"。名篇有《陋室铭》《竹枝词》《杨柳枝词》《乌衣巷》等，有《刘宾客集》。

843 年，令废除天下摩尼寺。●

843 年，姚合（777—843）卒。诗作被称为"武功体"，与贾岛并称"姚贾"，赵师秀编选二人诗为《二妙集》。有《姚少监诗集》。

贾岛（779—843）卒。擅五律，"苦吟诗人"，与孟郊并称"郊寒岛瘦"，孟郊人称"诗囚"，贾岛被称为"诗奴"。有《长江集》。●

844 年，以道士赵归真为右街道门教授先生。

杜牧作《上李太尉论北边事启》上书李德裕，讨论回纥之事。●

● 846 年，李绅（772—846）卒。与元稹、白居易等人共倡新乐府运动。作有《乐府新题》二十首，代表作是《悯农》。

白居易（772—846）卒。与元稹并称"元白"，与刘禹锡并称"刘白"，倡新乐府运动，有"诗魔"和"诗王"之称。代表作有《长恨歌》《琵琶行》等，有《白氏长庆集》。

● 847 年，李商隐编定《樊南甲集》。

张彦远撰成《历代名画记》。

日僧圆仁携经论、章疏、传记等 584 部归国，撰成《入唐求法巡礼行记》。

848 年，张义潮收复沙州（今甘肃敦煌西）。

李商隐作《岳阳楼》等诗。●

● 850 年，南卓撰成《羯鼓录》，记唐代音乐艺术。

李德裕（787—850）卒。唐后期持续达半个世纪的官僚派系争斗"牛李党争"渐息。有《次柳氏旧闻》《会昌一品集》。

● 851 年，刘瑑撰成《大中刑法总要格后敕》，已佚。

崔龟从撰成《续唐历》。

853 年，李商隐编定《樊南乙集》。

崔铉等撰成《续会要》。

张戣等撰《大中刑法统类》，已佚。●

853 年，杜牧（803—853）卒。与李商隐并称"小李杜"，能文。代表作为《阿房宫赋》等，有《樊川文集》。●

854 年，魏谟等撰成《文宗实录》。●

● 855 年, 郑处海撰成《明皇杂录》。

● 856 年, 顾陶选唐诗成《唐诗类选》, 共二十卷一千二百余首诗。

857 年, 五台山佛光寺落成, 为我国现存最早的木构建筑。●

858 年, 日僧圆珍归国, 撰有《开元寺求得经疏记目录》《福州温州台州求得经律论疏记外书等目录》。●

858 年, 李商隐（约 813—约 858）约卒于此年。与杜牧并称"小李杜", 又与温庭筠并称"温李"。后人辑有《樊南文集》《樊南文集补编》。●

863 年, 皮日休上书, 请以《孟子》为学科。

段成式（约 803—863）卒。著有《酉阳杂俎》。●

864 年, 樊绰撰成《蛮书》(又名《云南志》《云南史记》)。●

● 865 年, 柳公权（778—865）卒。书法以楷书著称, 世称"柳体"。与欧阳询、颜真卿、赵孟頫并称"楷书四大家"; 与颜真卿齐名, 后世有"颜筋柳骨"之美誉。传世作品有《玄秘塔碑》《神策军碑》等。

皮日休有《霍山赋》。

● 866 年, 温庭筠（? —866）卒。作诗八叉手而成八韵, 有"温八叉"之称。诗与李商隐并称"温李", 词与韦庄并称"温韦", "花间派"词祖。有《金荃集》等, 后人辑有《温庭筠诗集》《金荃词》。

868 年, 雕版印刷品《金刚经》成, 为目前发现最早的雕版印刷书籍。●

869 年, 皮日休入苏州幕, 与陆龟蒙结识, 互相酬唱, 集其唱和诗为《松陵集》。●

中华文化年表

● 871 年，鱼玄机（约 844—871）卒。与李冶、薛涛、刘采春并称"唐代四大女诗人"。有《鱼玄机集》。

● 873 年，张固撰成《幽闲鼓吹》。

● 874—884 年，王仙芝、黄巢起义，唐朝从此进入藩镇割据的军阀混战时期。

876 年，杜荀鹤在长安作《长安春感》。

郑谷作《远游》《中秋》等诗。●

877 年，张俅撰《南阳张延绶别传》。●

878 年，罗隐作《偶兴》等诗。●

879 年，陆龟蒙有《自遣诗》三十首。●

● 880 年，黄巢攻入长安，建立政权，国号"大齐"，改元"金统"。司空图作《感时上卢相》《乱前上卢相》。

● 881 年，司空图避乱河中，作《避乱》《乱后》等诗。

陆龟蒙（？—约 881）约卒于此年。与皮日休并称为"皮陆"。有《笠泽丛书》《耒耜经》《甫里集》等。

● 883 年，唐以宗室女为安化公主，嫁南诏王隆舜。

● 883 年，郑谷在成都作《锦浦》诗。

韦庄作《秦妇吟》。

皮日休（约 838—约 883）约卒于此年。与陆龟蒙并称为"皮陆"。有《皮子文薮》。

884 年，郑谷漫游蜀中，作《蜀中三首》。●

● 885 年，陈陶（约 812—885）卒。代表作《陇西行》等，有《陈嵩伯诗集》。

● 885 年，新罗人崔致远返国，著有《桂苑笔耕集》《法藏和尚传》《诗集》等。

● 886 年，司空图有《丙午岁旦》。

孟棨作《本事诗》。

● 887 年，司空图作《光启三年人日逢鹿》等诗。

聂夷中有《短歌》。

传为王玠的《无能子》成书。

● 890 年，杜荀鹤作《长安冬日》。

● 892 年，《景福崇玄历》颁行。

裴庭裕撰成《东观奏记》，司马光《资治通鉴》多采其说。

● 893 年，河决厌次（今山东惠民），东北流至无棣东南，经马谷小山，东流入海。

● 895 年，四川大足石刻北山石窟开凿，前后凡四百年。

康骈撰成《剧谈录》。

897 年，韦庄有《长安旧里》。●

898 年，惟劲禅师著《五字颂》，编《圣胄集》。●

● 900 年，韦庄编《又玄集》，收杜甫等一百五十家诗三百首。

● 902 年，郑买嗣灭南诏自立，建"大长和"国。

● 903 年，契丹在龙化州建开教寺，为契丹信佛教之始。

904 年，杨行密部将郑璠攻打豫章（今江西南昌）时，曾使用"飞火"（用火药制成的火炮）。●

904 年，杜荀鹤（846—904）卒。有《唐风集》《杜荀鹤文集》等。●

907 年，耶律阿保机即可汗位。

907 年，朱温代唐自立，建国号"梁"，史称"后梁"，唐朝灭亡。中国进入"五代十国"时期，北方先后经历后梁、后唐、后晋、后汉、后周，史称"五代"。南方则建立了九个割据政权：吴、南唐、闽、吴越、楚、南汉、荆南、前蜀、后蜀，加上在北方建立的北汉，史称"十国"。●

● 907 年，韩鄂《四时纂要》成书于本年。

皇甫枚《三水小牍》成书。

908 年，司空图（837—908）卒。诗论《二十四诗品》为不朽之作，有《一鸣集》，明人辑有《司空表圣诗集》《司空表圣文集》。●

909 年，梁以官僚俸钱修"文宣王庙"。

罗隐（833—909）卒。文学家，科考屡试不中，"十上不第"。著有诗集《甲乙集》及《谗书》《两同书》，清人辑有《罗昭谏集》等。●

● 910 年，韦庄（约 836—910）卒。与温庭筠同为"花间派"代表作家，并称"温韦"。有《浣花集》，编有《又玄集》。

● 916 年，耶律阿保机称帝，国号"契丹"。

923 年，韩偓（约 842—923）卒。晚唐著名诗人，被尊为"一代诗宗"。有《玉山樵人集》。书法行书极好，有《仆射帖》《艺兰帖》《手简十一帖》等传世。●

932—953 年，后唐国子监校定九经，雕版印刷，为官府大规模刻书之始。●

936 年，高丽击灭新罗、百济。●

937 年，段思平建立大理国。●

938 年，后晋上尊号于契丹国主，称"父皇帝"。

● 940 年，南唐在庐山修白鹿洞学馆，开书院讲学之先。

● 940 年，赵崇祚辑《花间集》，收录温庭筠等十八家词，尽显绮丽婉约之风，为我国最早的词作总集。

● 941 年，契丹诏编《始祖奇首可汗事迹》。

945 年，后晋刘昫、张昭远上新修《唐书》，后称"旧唐书"。●

947 年，契丹耶律德光南下灭后晋，称帝于开封，改国号为"大辽"。●

948 年，后汉诏雕《周礼》《仪礼》《公羊》《穀梁》四经。●

● 952 年，后周太祖至曲阜拜孔子祠、墓。

● 953 年，南唐因徐铉建议，开进士科。

● 954 年，冯道（882—954）卒。自号"长乐老"，历仕后唐、后晋、后汉、后周四朝。有《冯道集》。

957 年，后周张湜等训释律文格敕，详定为《刑统》。●

● 960 年，赵匡胤发动"陈桥兵变"，取代后周建立宋朝，史称"北宋"。

● 960 年，关仝（约 907—960）卒。山水画早年师法荆浩，并称"荆关"。山水画被后世称为"关家山水"，与荆浩、董源、巨然合称"荆关董巨"。代表作有《关山行旅图》《山溪待渡图》等。

冯延巳（903—960）卒。开创"以景写情"的手法。有词《谒金门》（风乍起）《蝶恋花》（几日行云何处去）等，后人辑有《阳春集》。

● 961 年，赵匡胤"杯酒释兵权"，解除大将兵权，重文轻武。

963—975 年，北宋先后灭荆南、南唐等割据政权，统一南方。979 年，灭北汉，统一北方。●

964 年，宋始置榷货务。●

● 965 年，宋初置诸路转运使，置封桩库，蓄钱帛以收赎燕云之地。

● 966 年，宋诏吴越于会稽建"禹庙"。诸郡立古代帝王陵庙。

● 967 年，李成（919—967）卒。画家，人称"李营丘"。好用淡墨，有"惜墨如金"之称；画山石如卷动的云，后人称为"卷云皴"；画寒林，创"蟹爪"法。北宋时期被誉为"古今第一"。传世作品有《读碑窠石图》《寒林平野图》《晴峦萧寺图》《茂林远岫图》等。

968 年，宋始定殿试贡士制度。禁止铜钱出塞。●

968 年，孙光宪（900—968）卒。其边塞词《酒泉子》（空碛无边）为后世豪放词之滥觞。著笔记《北梦琐言》等。●

● 970 年，冯继昇献"火箭法"，不久即用于战争，标志着火药已正式用之于武器制造。

● 970 年，韩熙载（902—970）卒。精音律，善书画，人称"有元和之风"，与徐铉并称"韩徐"，江左称其为"韩夫子"，时人谓之为"神仙中人"。有《韩熙载集》《格言》等。著名画家顾闳中曾根据其生活作名画《韩熙载夜宴图》。

● 971 年，欧阳炯（约 896—971）卒。"花间派"重要作家。曾为《花间集》作序，作品见《花间集》。

● 971—983 年，成都地方依《开元释教录》所载刊刻藏经，为刊刻全部佛教藏经之始。

973 年，宋太祖讲武殿亲试进士，科举殿试成为制度。

始行《开宝通礼》。

命马志、刘翰等修《开宝本草》。

974 年，薛居正等修成《五代史》，后称"旧五代史"。●

974 年，徐锴（920—974）卒。徐铉之弟，世称"小徐"。平生著述甚多，今仅存《说文解字系传》《说文解字韵谱》。●

975 　　　　　　　　　　980 　　　　　　　　　　985

● 975 年，宋始分三甲进士。聂崇义著成《三礼图》。

● 975 年，宋灭南唐，后主李煜投降，被移至汴，作《破阵子》（四十年来家国）等词极抒悲苦。

● 976 年，岳麓书院创建，为"宋四大书院"（应天书院〔今河南商丘睢阳区南湖畔〕、岳麓书院〔今湖南长沙岳麓山〕、白鹿洞书院〔今江西九江庐山〕、嵩阳书院〔今河南登封嵩山〕）之一。

977 年，李昉、徐铉等奉敕编纂《太平御览》《太平广记》。●

978 年，宋设崇文院，用以储存图书。●

978 年，《百家姓》于此前在吴越地区成书。

《尊前集》编成，收唐五代词人三十九家，词二百六十一首，是《花间集》后又一部唐五代词总集。●

978 年，李煜作绝命词《虞美人》（春花秋月何时了）。

李煜（937—978）卒。后人将他与其父李璟的作品合刻为《南唐二主词》。书法方面总结出"拔、押、钩、揭、抵、拒、导、送"七种技艺。擅长行书，世称"金错刀"。喜卷帛为笔写大字，世称"撮襟书"。

徐铉刻成《升元帖》，周密评为"法帖之祖"。画竹，被称为"铁钩锁"。●

979 年，北宋灭北汉，五代十国局面结束。宋、辽"高梁河之战"。●

● 980 年，《太祖实录》撰成。

● 981 年，规定下元节同上元节，赐休假三日。

● 982 年，党项族平夏部人李继迁反宋自立。

● 982 年，李昉、徐铉等奉敕编纂《文苑英华》。

● 982 年，施行举人连保法。

颁行《乾元历》。

● 983 年，辽更名"大契丹国"。

● 983 年，《太平御览》编成，共一千卷。蜀版《大藏经》刻成。

● 983 年，寇准自选巴东任内诗作一百五十六首，编为《巴东集》。

● 983 年，分三司为盐铁、户部、度支三部，各置使。

颁布外官戒谕。

● 986 年，北宋太宗"雍熙北伐"，宋辽大战于岐沟关，宋军大败，大将杨业战死，其子杨延昭英勇善战，人称"杨六郎"。

● 986 年，《文苑英华》编成，共一千卷。

徐铉等上新定《说文》。

● 987 年，宋颁行《神医普救方》一千卷。

988 年，契丹初置贡举。●

989 年，宋改国子监为国子学。行折中法。置乘传银牌，复给枢密院牒。于杭州设市舶司。●

989 年，喻浩在京师筑开宝寺舍利塔成，并著《木经》。●

● 990 年，辽封党项李继迁为"夏国王"。

● 991 年，王禹偁有《岁暮感怀》等诗文。

契丹室昉等进《实录》。

● 992 年，宋贡举始用糊名制度。

置磨勘院，掌考课官员。

● 992 年，汇集历代书法珍品的《淳化秘阁法帖》成书。

《太平圣剂方》成书，收药方 16834。

徐铉（917—992）卒。工书，好李斯小篆。与弟徐锴有文名，号称"二徐"；又与韩熙载齐名，江东谓之"韩徐"。曾受诏与句中正等校定《说文解字》，有《徐公文集》。

994 年，宋置起居院，初复起居注。

陈恕立茶法。

契丹颁《大明历》。●

● 997 年，宋以孔子四十五世孙孔延世为曲阜县令，袭封"文宣公"。

● 997 年，宋分天下为十五路。

诏钱若水修《太宗实录》。

王禹偁上书请减冗兵、冗吏，汰僧尼，慎选举。

998 年，王禹偁、钱惟演、刘筠等三十八人赋诗送行，杨亿集而序之，作《群公赠行集序》。●

998 年，宋诏吕端、钱若水重修《太宗实录》。

许群臣著述献官。●

999 年，宋宰臣进《重修太祖实录》。

王禹偁作《黄州新建小竹楼记》。●

999 年，宋初给外官职田。

制《圣教序》赐予传法院。●

● 1000 年，王禹偁自编为《小畜集》并作序。

柳开（947—1000）卒。宋代"古文运动"倡导者。有《河东先生集》。

● 1000 年，宋唐福制火箭、火球、火蒺藜。

● 1001 年，宋司天监进《仪天历》。宋赐诸州县学校"九经"。

王禹偁（954—1001）卒。有《五代史阙文》等，今存《小畜集》《小畜外集》等，收诗五百八十多首。

1002 年，宋朝科学家观测到狮子座流星雨。

1003 年，柳永于本年前后游钱塘，作《望海潮》（东南形胜）等词。●

1004 年，契丹南下攻宋，宋与契丹订"澶渊之盟"。寇准拜相，准有《议澶渊事宜》。●

1004 年，宋置龙图阁，此后每帝崩，即置一阁。

宋令民间天象器物等禁书，皆纳官焚烧，匿者死。●

● 1005 年，杨亿、刘筠、钱惟演等奉敕编纂《历代君臣事迹》（1013 年成书，共一千卷，赐名"册府元龟"）。他们在秘阁相互唱和，后来杨亿编为《西昆酬唱集》（1008 年编成），诗崇李商隐，世称"西昆体"。

● 1005 年，宋置资政殿大学士。颁行《景德农田敕》。
刘质进《兵要论》。

● 1006 年，宋对豺狼座超新星爆发的观测和记载，为世界天文学史上最早的记录。

● 1007 年，契丹建中京（今内蒙古宁城西大明城）。
宋丁谓上《景德会计录》。
宋诏王旦、杨亿等修太祖、太宗实录。
宋颁行考试进士新格。

1008 年，宋真宗封禅泰山。至曲阜祭祀孔子，加孔子"玄圣文宣王"。●

● 1010 年，宋丁谓上《大中祥符封禅记》。
李宗谔等上《诸道图经》。

● 1011 年，吕蒙正（944—1011）卒。太平兴国二年（977）丁丑科状元。著《破窑赋》等。

● 1012 年，宋真宗作《崇儒术论》，刻石国学。

● 1013 年，宋诏陈彭年等删定《三司编敕》。
《册府元龟》编成，与《太平广记》（978 年编成）、《太平御览》（984 年编成）、《文苑英华》（987 年编成）习称"北宋四大部书"。

● 1013 年，契丹以刘晟监修国史。

1014 年，宋升应天府（今河南商丘南）为"南京"。
是年，宋全国有户 9055729，口 21976965。●

● 1015 年，宋诏诸州以《御制七条》刻石。
王钦若上《圣祖先天纪》。
杨成吉出使吐蕃还，上《西蕃地理图》。

● 1016 年，宋修两朝《国史》成。
王钦若上《翊圣保德真君传》。

1017 年，惠崇（？—1017）卒。诗僧，画家，宋初"九诗僧"之一，与人合有《九僧诗集》。画作有《沙汀烟树图》《溪山春晓图》等。
宋初以来，效法贾岛、姚合的"晚唐体"诗流行，属于这一诗派的诗人有"九僧"（希昼、保暹、文兆、行肇、简长、惟凤、宇昭、怀古、惠崇）与魏野、寇准、林逋等。●

1017 年，契丹禁命妇再嫁。●

1018 年，王钦若上《天禧大礼记》。
契丹禁服用明金、缕金等。●

1019 年，魏野（960—1019）卒。诗作有《寻隐者不遇》《题普济院》等，原有《草堂集》，其子重编为《巨鹿东观集》。●

● 1020 年，杨亿（974—1020）卒。"西昆体"诗歌创作的代表人物，诗作有《汉武》等。与钱惟演、刘筠等人唱和，唱和诗编为《西昆酬唱集》。现存《武夷新集》。

● 1022 年，宋诏修先朝《日历》《起居注》未上者。

1023 年，成都富户连保发行"交子"，为世界上最早的纸币。置益州交子务。●

1023 年，寇准（961—1023）卒。诗作有《春日登楼怀旧》等，有《寇莱公集》。

1024 年，宋王钦若上《真宗实录》。●

1024 年，契丹改鸭子河（今松花江）为混同江、挞鲁河（今吉林洮儿河）为长春河。●

● 1025 年，范仲淹在《奏上时务书》中提出改革文风的主张。

● 1027 年，王惟一铸针灸铜人，以考察人体穴位经络，并著《铜人腧穴针灸图经》。

● 1027 年，颁新定《五服敕》。

● 1027 年，欧阳修有诗《题金山寺》等。

1028 年，林逋（967—1028）卒。自谓"以梅为妻，以鹤为子"，人称"梅妻鹤子"。诗作有《梅花》等，有《林和靖诗集》。●

● 1030 年，刘筠（970—1030）卒。与杨亿并称为"杨刘"；与杨亿、钱惟演等十七人唱和，结集为《西昆酬唱集》，人称"西昆体"。后人辑其诗为《肥川小集》。

● 1031 年，宋绶上《皇太后仪制》。

● 1031 年，契丹以兴平公主嫁李元昊，封李元昊为夏国公。

● 1032 年，欧阳修有《送梅圣俞归河阳序》等诗文。

● 1032 年，穆修（979—1032）卒。为文效法韩、柳。有《河南穆公集》。

● 1032 年，宋授李元昊定难军节度使、西平王。契丹册李元昊为"夏国王"。

1034 年，苏舜钦作《庆州败》诗。●

1034 年，钱惟演（977—1034）卒。景德年间与杨亿、刘筠等十七人相唱和，合辑为《西昆酬唱集》，后人因称为"西昆体"。著《家王故事》《金坡遗事》等。●

● 1035 年，宋祁上《太乐图仪》《中书总例》。
以应天府书院为府学。

● 1036 年，西夏开始创制文字。

● 1036 年，契丹以诗赋殿试进士，译《方脉书》成。

● 1036 年，宋嵩阳书院成。

● 1036 年，欧阳修作《与高司谏书》，贬夷陵县令。

1037 年，宋设置天章阁侍讲，以《神武密略》赐边臣。●

1037 年，吕夷简上《景祐法宝新录》。●

1037 年，欧阳修在夷陵作《戏答元珍》等诗，始撰《五代史记》。●

1038 年，党项族首领元昊自立为帝，国号"大夏"，定都兴庆，史称"西夏"。●

1039 年，宋铸"皇宋通宝"钱。●

1039 年，梅尧臣作《田家语》《汝坟贫女》等诗。●

● 1040 年，宋禁以金箔饰佛像。

● 1040 年，范仲淹《渔家傲》（塞下秋来风景异）大约作于本年后。

● 1041 年，宋司天监上《崇天万年历》。

● 1041 年，《崇文总目》编成。

● 1041 年，石延年（994—1041）卒。石介以石延年之诗、欧阳修之文、杜默之歌，称为"三豪"。有《石曼卿诗集》辑本。

● 1041—1048 年（庆历年间），布衣毕昇发明泥活字印刷术。

● 1042 年，宋辽议和。

● 1042 年，欧阳修作《暮春有感》等诗。

1043 年，范仲淹任枢密副使、参知政事，请求政治革新，与富弼主持变革，史称"庆历新政"。●

1043 年，王安石有《伤仲永》等诗文。●

1044 年，宋、夏双方达成议和。●

1044 年，欧阳修作《朋党论》等。
曾公亮、丁度等上《武经总要》。
曾巩作《上欧阳舍人书》等。
苏舜钦罢官为民，隐居苏州沧浪亭，有散文《沧浪亭记》等。●

● 1045 年，西夏、契丹议和。
西夏行《崇天万年历》。
宋诏流内铨选初入官选人考试科目及录取方法。

● 1045 年，范仲淹出任邠州知州。欧阳修贬知滁州（今安徽滁州）。
石介（1005—1045）卒。宋理学先驱，曾创建泰山书院、徂徕书院，"泰山学派"创始人。有《徂徕集》。

● 1046 年，范仲淹作散文《岳阳楼记》。欧阳修作散文《丰乐亭记》《醉翁亭记》《梅圣俞诗集序》等，诗《题滁州醉翁亭》等，遂自号"醉翁"。

1047 年，王安石有《登飞来峰》等诗文。
尹洙（1001—1047）卒。有《河南先生文集》。●

● 1047 年，宋诏删定《一州一县敕》。
契丹定公主行妇礼于舅姑仪。

1049 年，以琉璃砖重建开封开宝寺塔，俗称"铁塔"。●
苏舜钦（1008—1049）卒。诗与宋诗"开山祖师"梅尧臣并称"苏梅"。有《苏学士文集》。●

● 1051 年，宋置河渠司。命宋祁修《唐书》，改史馆修撰为集英殿修撰。

修《皇祐方域图志》成。

● 1051 年，欧阳修作《庐山高赠同年刘中允归南康》。为苏舜钦编文集，作《苏氏文集序》。

毕昇（约 970—1051）卒。

● 1052 年，范仲淹（989—1052）卒。《岳阳楼记》广为传诵，有《范文正公集》。欧阳修有《祭资政范公文》、王安石有《祭范颍州文》祭奠范仲淹。

1053 年，宋策制举、武举人。●

1053年，梅尧臣为林逋《林和靖诗集》作序。

欧阳修编成《五代史记》。

柳永（约987—约1053）约卒于此年。"婉约派"代表词人。代表作有《雨霖铃》（寒蝉凄切）、《八声甘州》（对潇潇暮雨洒江天）、《望海潮》（东南形胜）等，有《乐章集》。●

1054 年，宋诏乾元节度僧尼。●

王洙上《周礼礼器图》。

1054 年，欧阳修主修《新唐书》。

王安石作《游褒禅山记》。●

● 1055 年，宋封孔子四十七世孙孔宗愿为"衍圣公"，后世相沿不改。

定州开元寺塔成，为国内现存最高的砖塔。

辽道宗命设学养士，颁《五经传疏》，置博士、助教。

● 1055 年，梅尧臣作《东溪》。

晏殊（991—1055）卒。"婉约派"著名词人，与其子晏几道，被称为"大晏"和"小晏"，词与欧阳修并称"晏欧"。存《珠玉词》及清人所辑《晏元献遗文》。

● 1056 年，辽应州佛官寺释迦塔建成，为国内现存最古老的楼阁式木塔。

● 1056 年，宋以包拯知开封府。

苏洵上《几策》《权书》《衡论》二十二篇，其散文代表作品《六国论》即是《权书》十篇之一。

● 1057 年，宋颁布《禄令》。

欧阳修主持礼部贡举，拔擢苏轼、苏辙、曾巩等，大力提倡"古文运动"。

苏辙《上枢密韩太尉书》作于本年。

1058 年，宋颁《役券则例》，制定科第授官之法。王安石作《上仁宗皇帝言事书》。●

● 1059 年，宋颁《嘉祐驿令》。

● 1059 年，欧阳修作《秋声赋》等。

王安石作《明妃曲》二首等。

苏洵、苏轼、苏辙乘舟出蜀至荆州，汇途中所作诗文为《南行前集》。

王令（1032—1059）卒。有《广陵先生文集》《十七史蒙求》。

● 1060 年，宋以司马光、王安石同修起居注。

欧阳修、宋祁修成《新唐书》。

王安石编《唐百家诗选》，作《思王逢原三首》《示长安君》。

梅尧臣（1002—1060）卒。被誉为宋诗的"开山祖师"，与欧阳修并称"欧梅"，与苏舜钦并称"苏梅"，反对"西昆体"。有《宛陵先生文集》及《毛诗小传》。

● 1061 年，宋诏太常礼院修《谥法》。

● 1061 年，苏颂编成《图经本草》，收药图九百三十三幅，为现存最早的版刻药物图谱。

欧阳修有《双井茶》等诗文。

苏辙有《怀渑池寄子瞻兄》。

苏轼作《和子由渑池怀旧》。

宋祁（998—1061）卒。与兄长宋庠并有文名，时称"二宋"。世有"红杏尚书"之称。与欧阳修等合修《新唐书》，著列传部分。清人辑有《宋景文集》，近人辑有《宋景文公长短句》。

● 1062 年，宋《嘉祐编敕》成。

欧阳修编《集古录》并为之作序，为我国现存最早的研究金石铭刻著作。

1064 年，苏轼有《文同画竹赞》等诗文。

● 1065 年，宋行《明天历》。

吕公著进《仁宗御集》。

欧阳修有《秋怀》等诗文。

● 1066 年，宋编修《铨曹格敕》。

诏礼部三岁一贡举。

● 1066 年，司马光受命编《历代君臣事迹》，后赐名《资治通鉴》。

邵雍自编《伊川击壤集》并作序。

苏洵（1009—1066）卒。与其子苏轼、苏辙并称"三苏"，均列"唐宋八大家"。有《嘉祐集》及《权书》《衡论》等。

● 1067 年，宋神宗作《资治通鉴序》赐司马光。

欧阳修作《归田录序》。

1068 年，辽颁行《御制华严经赞》。

王安石有《泊船瓜洲》等诗文。

刘敞（1019—1068）卒。与弟刘攽合称"北宋二刘"。有《公是集》《春秋权衡》《七经小传》等。

1068—1093 年（熙宁至元祐年间），说唱诸宫调产生。

1069 年，宋设制置三司条例司，筹备变法。王安石（1021—1086）在宋神宗的支持下开始变法，史称"王安石变法"。●

1069 年，黄庭坚有《流民叹》等诗文。●

● 1070 年，宋始策进士，罢诗、赋、论三题，立刑法科。行置将法，立保甲法，行免役法。

● 1070 年，王安石作《答司马谏议书》。

欧阳修本年更号为"六一居士"，有《泷冈阡表》等诗文。

● 1071 年，宋立太学三舍法，外舍生七百人，内舍生二百人，上舍生一百人。

苏轼出任杭州通判，作《游金山寺》等。

1072 年，宋立文武换官法，行市易法，行保马法，定方田均税法，置武学，额一百名。辽赐高丽佛经一藏。●

1072 年，欧阳修（1007—1072）卒。名列"唐宋八大家"，与曾巩并称"欧曾"，与梅尧臣并称"欧梅"，与晏殊并称"晏欧"，与韩愈、柳宗元和苏轼合称"千古文章四大家"。与宋祁合修《新唐书》，独著《新五代史》。有《六一诗话》《欧阳文忠公文集》。

苏轼作《雨中游天竺灵感观音院》《六月二十七日望湖楼醉书》五首等。

1073 年，周敦颐（1017—1073）卒。理学的开山鼻祖。著《通书》《爱莲说》《太极图说》等（后人编入《周子全书》）。●

1073 年，宋置经局，置律学，置疏浚黄河司，置军器监，颁劝课农桑法，立敛散法。●

1074 年，辽道宗亲自出题试进士，颁《史记》《汉书》。

宋宋敏求上《阁门仪制》。●

1075

● 1075 年，宋颁王安石《三经新义》。
王安石作《泊船瓜洲》。
苏轼作《江城子》（十年生死两茫茫）、《江城子·密州出猎》等词。
　　● 1076 年，苏轼在密州作《水调歌头》（明月几时有）。
　　　　● 1077 年，张载（1020—1077）卒。"关学"开创者，北宋道学的奠基者之一，与周敦颐、邵雍、程颐、程颢合称"北宋五子"。著有《正蒙》《横渠易说》等。
　　　　邵雍（1011—1077）卒。北宋道学中象数学的代表，"北宋五子"之一。著有《皇极经世》《观物内外篇》《先天图》《渔樵问对》《伊川击壤集》等。
　　　　苏轼有《宝绘堂记》等。
1078 年，宋除"九经"外，禁余书不得出界。●
1078 年，黄庭坚有《上苏子瞻书》等诗文。
张先（990—1078）卒。人称之为"张三中"，自称"张三影"。今存《张子野词》。
此前，北宋已大规模开采和广泛使用煤炭，在世界上处于领先地位。●
　　　　1079 年，宋立高丽交易法。
　　　　宋详定朝会仪、郊庙礼仪。
　　　　李定上《国子监敕式令》并《学令》。●
1079 年，苏轼作《文与可画筼筜谷偃竹记》，被捕入京，史称"乌台诗案"。●

1080

● 1080 年，宋王存等编《元丰九域志》成。
李德刍上《元丰郡县志》三十卷《图》三卷。
● 1080 年，苏轼谪居黄州，有《到黄州谢表》。
苏辙作《东轩记》。
　　● 1081 年，王安石作《独卧有怀》。
苏轼作《浣溪沙》（覆块青青麦未收）五首。
　　　● 1082 年，苏轼作《前赤壁赋》《后赤壁赋》以及《定风波》（莫听穿林打叶声）、《念奴娇·赤壁怀古》等。
黄庭坚有《登快阁》等诗文。
1083 年，苏轼作《记承天寺夜游》。
苏辙作《黄州快哉亭记》。
王安石作《书湖阴先生壁》。
曾巩（1019—1083）卒。名列"唐宋八大家"，与曾肇、曾布、曾纡、曾纮、曾协、曾敦并称"南丰七曾"。有《元丰类稿》等。
1084 年，宋公布《元丰编敕令格式》。
司马光等修成《资治通鉴》。
苏轼作《石钟山记》《题西林壁》等诗文。●

1085

● 1085 年，黄庭坚有《寄黄几复》等诗文。
　　● 1086 年，秦观有词《沁园春》（宿霭迷空）等。
王安石（1021—1086）卒。为"唐宋八大家"之一，被誉为"通儒"，创"荆公新学"。诗作自成一家，世称"王荆公体"。今存文集《王文公文集》《临川先生文集》。
司马光（1019—1086）执政，尽废新法，史称"元祐更化"。同年，去世。
苏颂奉命重制浑天仪。
　　● 1086—1093 年间，沈括撰成《梦溪笔谈》，其中记载了指南针的制作技术。
1087 年，宋禁科举用王安石《三经新义》及《字说》。
宋颁《元祐敕令式》。
1087 年，黄庭坚作《双井茶送子瞻》，苏轼有和诗。●
　　　1088 年，辽立入粟补官法。●
1088 年，贺铸作《六州歌头》（少年侠气）。
　　1089 年，宋立试进士四场法。
苏轼修筑西湖堤。●
　　　1089 年，黄庭坚作《小山集序》。●

● 1090 年,范祖禹上《帝学》八篇。苏轼作《南歌子·游赏》词等。

● 1091 年，吕大防上《神宗实录》。
宋改宗正属籍曰《宗藩庆系录》，修《神宗宝训》，作《元祐观天历》。

● 1091 年，秦观作《春日五首》诗。

● 1092 年，苏颂主持制成水运仪象台。

● 1092 年，吕大临撰成《考古图》，是我国最早而系统的古器物图录。

1093 年，辽僧通理主持于房山云居寺刻佛经数千石。●
秦观有《春日偶题呈钱尚书》等诗。
"苏黄"之称始于本年。
1094 年，黄庭坚有《家诫》。●

● 1095 年，宋置律学博士。

● 1095 年,苏轼作《和陶归园田居》《荔枝叹》等。
黄庭坚有《黔南道中行记》等诗文。
沈括（1031—1095）卒。著《梦溪笔谈》《良方》等。

● 1096 年，宋章惇上《神宗实录》。
蔡京上《新修大学敕令式》《详定重修敕令》。

● 1096 年，秦观作《阮郎归》（潇湘门外水平铺）。

● 1097 年，秦观作《踏莎行》（雾失楼台）。
苏轼作《西江月》（世事一场大梦）。
黄庭坚作《与洪甥驹父》。
文彦博（1006—1097）卒。反对王安石变法。有《文潞公集》。

1098 年，宋章惇等进《神宗帝纪》。●

1098 年，苏轼作《众妙堂记》。
黄庭坚有《念奴娇》（断虹霁雨）词。
陈师道有《登快哉亭》等诗。

1099 年，黄庭坚有《鹧鸪天·座中有眉山隐客史应之和前韵即席答之》词。●

● 1100 年，李诫重新编就《营造法式》，为我国最早、内容最丰富的建筑学典籍。
苏轼作《与谢民师推官书》。
秦观（1049—1100）卒。与黄庭坚、晁补之、张耒并称"苏门四学士"。作品有《满庭芳》（山抹微云）《踏莎行·郴州旅舍》《鹊桥仙》（纤云弄巧）等，有《淮海集》《淮海居士长短句》。

● 1101 年，西夏始建国学。

● 1101 年，贺铸作《青玉案》（凌波不过横塘路）。
苏轼（1037—1101）卒。与其父苏洵、弟苏辙并称"三苏"，均列"唐宋八大家"。与黄庭坚并称"苏黄"，其词与辛弃疾并称"苏辛"，词作《念奴娇·赤壁怀古》等广为传诵。诗文有《东坡七集》等，词集有《东坡乐府》。

● 1102 年，宋立元祐奸党碑于端礼门。

1102 年，黄庭坚作《雨中登岳阳楼望君山二首》《题落星寺四首》等诗。

李清照作《如梦令》（昨夜雨疏风骤）词。

陈师道（1053—1102）卒。有"闭门觅句陈无己"之称，为"苏门六君子"之一，"江西诗派"重要作家，与黄庭坚并称"黄陈"。有《后山居士文集》。●

1103 年，令郡县各立元祐奸党碑。置医学。●

1103 年，李清照作《一剪梅》（红藕香残玉簟秋）词。●

1103 年，辽诏监修国史耶律俨纂诸帝《实录》。●

1104 年，蔡京上《神宗正史》。●

● 1105 年，苏辙作《喜雨》诗。黄庭坚（1045—1105）卒。著名书法家、诗人，"苏门四学士"之一。"江西诗派"开山之祖，与杜甫、陈师道和陈与义素有"一祖三宗"之称。诗与苏轼并称"苏黄"。书法为"宋四家"之一。有《山谷集》。

● 1106 年，唐慎微修成《经史证类本草》。

1107 年，苏辙作《卖炭》《欲雪》等诗。

吕本中于本年或稍后作《江西诗社宗派图》，"江西诗派"由此得名。

程颐（1033—1107）卒。北宋理学家，与其兄程颢并称"二程"，开创"洛学"，是奠基北宋道学的重要学者。

米芾（1051—1107）卒。著名书画家，人称"米颠"，与蔡襄、苏轼、黄庭坚合称"宋四家"。书画自成一家，创立"米点山水"。主要作品有《研山铭》《蜀素帖》《多景楼诗》《虹县诗》《拜中岳命帖》等及《书史》《画史》《砚史》。●

1108 年，宋颁《金箓灵宝道场仪范》。●

1108年，李清照作《醉花阴》（薄雾浓云愁永昼）词。●

宋徽宗时期（1101—1125），张择端创作《清明上河图》。

● 1110 年，晏几道（1038—1110）卒。有《小山词》。

晁补之（1053—1110）卒。"苏门四学士"之一，与张耒并称"晁张"。有《鸡肋集》《晁氏琴趣外篇》等。

● 1111 年，周邦彦有《诉衷情》（堤前亭午未融霜）词。苏辙作《卜居赋》。

● 1112 年，周邦彦有《蝶恋花》（爱日轻明新雪后）等词。

苏辙（1039—1112）卒。与其父苏洵、兄苏轼并称"三苏"，均列"唐宋八大家"。有《栾城集》《诗传》《龙川略志》《论语拾遗》《古史》等。

1113 年，宋修《政和五礼新仪》。●

1113 年，李清照作《词论》。●

1114 年，女真人完颜阿骨打起兵反辽。

1114年，张耒（1054—1114）卒。"苏门四学士"之一。有《柯山诗余》《柯山集》等。●

● 1115 年，完颜阿骨打称帝，国号"大金"，都会宁府（今黑龙江阿城南）。

● 1115 年，李清照作《浣溪沙》（髻子伤春慵更梳）词。

● 1116 年，宋置道学。金始制金牌。

● 1116 年，李清照有《点绛唇·闺思》等词。

● 1117 年，宋徽宗称"教主道君皇帝"。

宋封大理国主为云南节度使、大理国王。

1118 年，宋、金订立"海上之盟"，联合攻辽。

宋颁《御注道德经》。立道学升贡法。作《道史》。

金访博学者掌诏令。●

1119 年，金完颜希尹仿汉字楷书，因契丹字制女真大字。

宋以《绍述熙丰政事书》颁行天下。

宋江起事。

周邦彦有《蕙兰芳引》（寒莹晚空）等词。●

● 1120 年，金陷辽上京临潢府。宋方腊起事。

● 1121 年，宋江受招安。方腊失败。

● 1121 年，周邦彦（1056—1121）卒。旧时词论称他为"词家之冠"或"词中老杜"。有《清真居士集》，今存《片玉词》。

● 1122 年，耶律大石立辽燕王耶律淳为帝，称"天锡皇帝"，史称"北辽"。

1123 年，宋、金定交"燕京条约"。宋禁元祐学术。●

1123 年，阮阅编成《诗总》，至南宋更名《诗话总龟》刊行。●

● 1124 年，辽在金的打击下西奔。●

● 1125 年，金灭辽。

● 1125 年，陈与义有《感怀》等诗。贺铸（1052—1125）卒。有词集《东山词》、诗集《庆湖遗老集》。

北宋时期，正式定八月十五为"中秋节"，并出现"小饼如嚼月，中有酥和饴"的节令食品。

北宋后期，指南针已用于航海。南宋进一步使用"针盘"导航。

● 1126 年，金围宋都汴京，李纲留守御之。闰十一月，宋钦宗出降。

● 1127 年，"靖康之变"，金灭北宋。钦宗之弟赵构继位，南宋建立，都临安。王彦领导"八字军"于太行山区抗金。

● 1127 年，张元幹有《建炎感事诗》等诗。

1128 年，金迁二帝于上京，封徽宗"昏德公"、钦宗"重昏侯"。●

1128 年，南宋定经义、诗赋分试法。陈与义作《登岳阳楼》。●

1129 年，金下令易服剃发。金军连下临安、越州，高宗逃入海。●

1129 年，李清照有《菩萨蛮》（归鸿声断残云碧）等词。张元幹作《石州慢·己酉秋吴兴舟中作》词。●

● 1130 年，宋钟相起事。韩世忠与金兵大战于黄天荡，金兵被逐出江南。金迁二帝于五国城（今黑龙江依兰），册刘豫为帝，国号"齐"，都大名（今河北大名）。

● 1131 年，宋续修《绍兴太常因革礼》。始发行"关子"。

● 1131 年，陈与义作《渔家傲·福建道中》等词。

● 1132 年，契丹人耶律大石称帝于叶密里（今新疆额敏东南），号"天祐皇帝""葛儿汗"，建西辽。金试进士，并下令不取中原人。宋陈规创竹竿火枪，又名"飞火枪"。

1134 年，李清照作《金石录后序》。西辽征服东喀喇汗朝，于八剌沙衮（今吉尔吉斯斯坦托克马克东南楚河南岸），建都，称"虎思斡耳朵"。●

● 1135 年，宋徽宗赵佶（1082—1135）卒。他自创一种书法字体，号"瘦金体"。

杨时（1053—1135）卒。与游酢、吕大临、谢良佐并称"程门四大弟子"。又与罗从彦、李侗并称"南剑三先生"。著《二程粹言》《龟山集》等。

陈与义作《临江仙·夜登小阁忆洛中旧游》。

李清照作《武陵春》（风住尘香花已尽）。

● 1137 年，李清照有《转调满庭芳》（芳草池塘）词。

1138 年，金颁女真小字。

南宋定都临安。●

1138 年，胡铨作《戊午上高宗封事》。张元幹作《贺新郎·送胡邦衡待制赴新州》以声援胡铨。

胡安国（1074—1138）卒。与次子胡宏共同创办"碧泉书堂"（"文定书院"前身），开创"湖湘学派"。著有文集十五卷，及《春秋传》《资治通鉴举要补遗》等。

陈与义（1090—1138）卒。江西诗派"三宗"之一，号"诗俊"，与"词俊"朱敦儒和"文俊"富直柔同列"洛中八俊"。有《简斋集》《无住词》等。●

1139 年，宋、金议和，宋对金称臣，割地输金。

宋修《徽宗实录》，续编《绍兴因革礼》和《元丰会要》。●

● 1140 年，岳飞大破金兵，抵朱仙镇，奉诏班师回朝。

金以孔子四十三代孙孔璠袭封"衍圣公"。

金始置屯田军。

● 1141 年，宋、金缔结"绍兴和议"。

秦桧上《徽宗实录》。

● 1141 年，西辽耶律大石于寻思干（今乌兹别克斯坦撒马尔罕）大败塞尔柱突厥素丹。

● 1142 年，抗金名将岳飞（1103—1142）被宋高宗赵构和奸臣秦桧以"莫须有"罪名杀害。词作仅留下《小重山》（昨夜寒蛩不住鸣）、《满江红》（怒发冲冠）两首。

● 1142 年，曾几作《寓居吴兴》，陆游师从曾几习诗。

1143 年，西夏于国中建学校，于宫禁中建小学。

金颁《皇统新历》。

宋秦桧子秦熺修《建炎以来日历》。命修《靖康建炎忠义录》。●

● 1145 年，金初用御制小字。

● 1145 年，张择端（1085—1145）卒。著名画家，存世作品有《清明上河图》《金明池争标图》等。

吕本中（1084—1145）卒。有《东莱先生诗集》《紫微诗话》《童蒙训》《春秋集解》等。

● 1146 年，西夏尊孔子为"文宣帝"。

● 1146 年，张元幹作《丙寅自赞》诗。

曾慥编成《乐府雅词》，收宋代词人五十家作品，为现存最早的宋词总集。

宇文虚中（1079—1146）卒。词作今存《迎春乐》《立春》《念奴娇》等，有《文集》存世。

● 1147 年，西夏正式策试举人，立唱名法，又设童子科。

1147 年，孟元老《东京梦华录》成。●

1148 年，金修《辽史》成，金兀术进《太祖实录》。●

1148 年，大足石刻完成。

胡仔编撰《苕溪渔隐丛话·前集》初稿成。

叶梦得（1077—1148）卒。著《石林诗话》《石林燕语》《避暑录话》《建康集》等。●

1149 年，西夏正式设铸钱机构通济监，铸汉字钱"天盛元宝"。

1149 年，宋王灼成《碧鸡漫志》。●

● 1150 年,宋秦桧上《中兴圣统》。金始设殿试之制。

我国最早的人数较少民族文字西夏文法典《天盛律令》编成。

● 1151 年,南宋令国子监刻经史。

晁公武撰《郡斋读书志》成。

1153 年,金自会宁(今黑龙江阿城)迁都燕,以燕京(今北京)为大兴府,号"中都",定五京之号,改考试、车服制度。

宋颁《大宗正司条令》。●

1154 年,南宋始规定诸州皆以中秋日试举人,不得自选日期。

金初设惠民局,正式印行大小"交钞"。●

● 1155 年,金以大房山云峰寺为山陵,建行宫。

● 1155 年,陆游有《钗头凤》(红酥手)词。

洪皓(1088—1155)卒。世称"宋之苏武"。著有《松漠纪闻》等。

李清照(1084—约 1155)约卒于此年。婉约词派代表,人称"婉约词宗"。有"千古第一才女"之称。词作人称"易安体",与辛弃疾并称为"济南二安"。有《易安居士文集》《金石录后序》,后人辑有《漱玉词》等。

● 1156 年,金颁"正隆官制",葬始祖以下十帝于大房山山陵。

● 1156 年,曾几改知台州,陆游作诗《送曾学士赴行在》以赠别。

1157 年,金命毁弃上京旧宫殿及女真各大族住宅,上京只称"会宁府",不得称"国中"。

金始铸铜钱。●

1158 年,金于南京(今河南开封)营建宫室。●

1159 年,金修中都城。●

1159 年,张九成(1092—1159)卒。创建海宁第一所书院——张文忠公书院,创"横浦学派"。有《横浦集》《孟子传》等。

朱敦儒(1081—1159)卒。今存词集《樵歌》,也称《太平樵歌》。

是年,南宋人口 1689 万。●

● 1160 年,宋规定铸钱司每年铸钱五十万缗,初发"会子"于东南。金迁榷货务及印造钞引库于汴京。

● 1161 年,金迁都汴京,大杀亡辽耶律氏和宋赵子弟。并分四路攻南宋,宋虞允文于采石矶(今安徽当涂北采石)大败金军。

辛弃疾从耿京起义抗金。

● 1161 年,张孝祥作《水调歌头·和庞佑父》。

1162 年,郑樵(1104—1162)卒。著作今存《通志》《夹漈遗稿》《尔雅注》《诗辨妄》及一些零散遗文。●

1163 年,朱熹离开临安南下,途经婺州与吕祖谦讨论学问。

犹太教寺院始建于开封。此后,居于此地的犹太人完全汉化。

张孝祥作《六州歌头·长淮望断》。

1164 年,金创"通检推排法",清查人户财产总额。金设女真学。

宋孝宗改交趾郡为安南国。

宋、金订立"隆兴和议"。●

1164 年,陆游作《水调歌头·多景楼》词。

张浚(1097—1164)卒。有《中兴备览》《紫岩易传》《易解》《杂说》等,近人辑有《张魏公集》。●

● 1165 年,辛弃疾作《美芹十论》。张孝祥作《水调歌头·桂林中秋》。

● 1166 年,宋诏铜钱不得过江北,于镇江、建康发行"会子""交子"。

金始设太学。

● 1167 年,宋叶颙等上《三祖下仙源积庆图》《太宗真宗玉牒》《哲宗宝训》。

胡仔成《苕溪渔隐丛话·后集》。

金修《太宗实录》成。

金王喆（重阳）于山东宁海（今牟平）创全真道。

● 1168 年,宋初行社仓法,颁《乾道历》。

李焘上《续资治通鉴长编》。

● 1169 年,陈亮作《中兴五论》。

1170 年,宋修神宗、哲宗、徽宗、钦宗"四朝会要"成。

西辽攻破花剌子模。

1170 年,东轩居士撰《卫济宝书》成。

范成大使金,作记事诗七绝七十二首及《揽辔录》等。

陆游作《入蜀记》《吊李翰林墓》等。

道教全真教创始人王重阳卒。

胡仔（1110—1170）卒。有《苕溪渔隐丛话》传世。

张孝祥（1132—1170）卒。与张元幹并称南渡初期"词坛双璧"。有《于湖居士文集》《于湖词》等。●

● 1171 年,金人葬宋钦宗于巩洛之原。

金修《睿宗实录》成,创设女真进士科。

● 1171 年,王十朋（1112—1171）卒。著有《梅溪集》等传世。

陆游在夔州任上作《东屯高斋记》。

● 1172 年,宋立宗室铨试法。

朱熹草成《大学章句》《中庸章句》,撰《资治通鉴纲目》成书。

1174 年,金禁女真杀生祭祀,禁宫中卫士说汉语。

宋颁《检验格目》。●

1174 年,陈言撰成《三因极一病源论》。

朱熹编订《大学》《中庸》新本行于世。

杨万里自编诗为《荆溪集》《西归集》。

陆游作《长歌行》（人生不作安期生）。辛弃疾作《水龙吟·登建康赏心亭》等词。

洪遵（1120—1174）卒。著有《泉志》《订正〈史记〉真本凡例》《翰苑群书》《翰苑遗事》《谱双》《洪氏集验方》《金生指迷方》《洪文安公遗集》等。●

1175 年,朱熹、陆九渊、吕祖谦相会于信州鹅湖寺,切磋辩论,此即哲学史上著名的"鹅湖之会"。

朱熹与吕祖谦撰成《近思录》。

陆游作《乙未元日》等诗。●

● 1176 年,金始设外府学及京府女真学,以女真文译《史记》《西成。

宋编《高宗日历》成。

宋立"任子参选覆试法"。

● 1177 年,金禁渤海男女私奔。

宋颁《淳熙历》,颁《幸学诏》,修《徽宗实录》成。立"待补太学试法"。

● 1177 年,朱熹成《论语集注》《孟子集注》,作《诗集传序》。

陆游作《关山月》《出塞曲》《战城南》。

1178 年,南宋禁以程颐、王安石说取士。

陈亮本年作《上孝宗皇帝书》三篇等。●

1178 年,杨万里作《荆溪集序》,此后诗风转变,自成一家,号"诚斋体"。

辛弃疾作《水调歌头·舟次扬州和人韵》。●

1179 年,金以宋大观钱当五使用。

朱熹修复白鹿洞书院,制定《白鹿洞书院揭示》,并作《白鹿洞赋》。

吕祖谦奉敕选编北宋诗文总集《宋文鉴》成书。●

中华文化年表

● 1180 年，宋初设广南烟瘴诸州医官，禁书坊擅刻书籍，修神宗、哲宗、徽宗、钦宗四朝《国史》成。

● 1180 年，杨万里向范成大寄送《西征集》，范成大赋诗酬谢。

● 1181 年，宋于各地推行朱熹社仓法。

● 1181 年，吕祖谦（1137—1181）卒。与朱熹、张栻齐名，并称"东南三贤"。著《吕氏家塾读诗记》《东莱集》《历代制度详说》《东莱博议》，编《文章关键》。

1182 年，金立"强取诸部羊马法"。宋朱熹将《大学章句》《中庸章句》《论语集注》《孟子集注》集为一编刊刻，即《四书集注》，"四书"之名始于此时。●

1183 年，宋禁道学。
金祭孔子，以女真文《孝经》赐护卫亲军，以女真文译《易》《书》《论语》《孟子》《老子》《扬子》《文中子》及《新唐书》等成。
是年，金有猛安 202，谋克 1878，领户 615624，口 6158636。●

1184 年，宋熊克纂《九朝通略》成。
杨万里作《江西宗派诗序》。
洪适（1117—1184）卒。与弟弟洪遵、洪迈有"鄱阳英气钟三秀"之称。著《隶释》《隶韵》《砚说》《壶邮》《盘州文集》等。
李焘（1115—1184）卒。著《续资治通鉴长编》《六朝制敌得失通鉴博议》《说文解字五音韵谱》等。●

● 1185 年，王禹偁著《东都事略》成。

● 1186 年，朱熹《诗集传》成。范成大作《四时田园杂兴》六十首。
陆游作《书愤》《临安春雨初霁》等诗。

● 1187 年，金禁女真人改汉姓及学南人衣装。

● 1187 年，杨万里将其知常州所作诗汇编为《荆溪集》。
陆游选己诗两千五百余首编为《剑南诗稿》刊行。

1188 年，金建女真太学。
铁李创以陶罐装火药引爆之法，为铁火炮之前身。●

1188 年，宋朱熹上万言书，提出六项"急务"。
辛弃疾与陈亮在鹅湖相会，各作《贺新郎》三首唱和。辛弃疾的《破阵子》（醉里挑灯看剑）作于此时。●

1189 年，金初设提刑司，初定"品官子孙试补令史格"，始建广利桥（即卢沟桥）。●

1189 年，宋朱熹《大学》《中庸》章句注解成。
杨万里作《约斋南湖集序》。
金大定年间（1161—1189），已用铜制器具烧制蒸馏酒。●

● 1190 年，金初设制举及宏词科，令僧、道三年一试。
蒙古铁木真与札木合于答兰版朱思（今蒙古温都尔汗）"十三翼之战"。

● 1190 年，西夏骨勒茂才编《番汉合时掌中珠》（西夏语、汉语字典）。
宋杨万里自编诗为《朝天续集》《江东集》。

● 1190—1208 年（金章宗时），董解元撰《西厢记诸宫调》，被誉为"北曲之祖"。

● 1191 年，金罢契丹字，禁伶人戏谑历代帝王。

1192 年，卢沟桥建成。
金定宣圣庙春秋祭礼仪，禁官吏、百姓姓名与古帝王相同，令避周公、孔子讳。●

1193 年，陆九渊（1139—1193）卒。明王守仁继承发展其学，称为"陆王学派"。著有《象山先生全集》。
范成大（1126—1193）卒。与陆游、杨万里、尤袤并称"中兴四大家"。有《石湖居士诗集》《石湖词》《揽辔录》《吴郡志》等。
陆游有诗《雨夜》《秋夜感怀十二韵》等。●

● 1194年，金始制定钱禁，设弘文院译写经书，诏据宋《崇文总目》目录求遗书。

宋召朱熹为焕章阁待制兼侍讲，闰十月免职。

● 1194年，尤袤（1127—1194）卒。与陆游、杨万里、范成大并称"中兴四大家"。有《遂初小稿》六十卷、《遂初堂书目》等。

陈亮（1143—1194）卒。"永康学派"创始人。其词风格豪放，如《念奴娇·登多景楼》等。有《龙川文集》《龙川词》等。

● 1195年，金建行尚书省，以经略北边。

金编《大金仪礼》（即《大金集礼》）成。

● 1196年，金始推行区种法。

宋禁道学，称为"伪学"。

● 1197年，金亲王宣敕始用女真字，铸"承安宝货"银锭，为白银作为法定货币之始。

宋修《高宗实录》成。

1198年，金尽罢宋界榷场。宋陆游有《北望》《感旧》等诗。●

1199年，金改提刑司为按察司。丑和尚进《浮漏水称影仪简仪图》于金，金帝遂命依样制造。

宋禁高丽、日本商人博易铜钱。

陆游作《沈园》二首。●

● 12世纪末，宋鼓子词等说唱艺术流行。

● 1200年，金定"居祖父母丧婚娶听离法""策论进士及承荫人试弓箭格"，定本国婚聘礼制。

● 1200年，医学"金元四大家"（刘完素、张从正、李东垣、朱丹溪）之一刘完素卒。以寒凉药剂治病，被称为"寒凉派"。

朱熹（1130—1200）卒。与二程合称"程朱学派"。有《四书章句集注》《朱子语类》《诗集传》《楚辞集注》等。

● 1201年，宋命修《光宗实录》，续修《吏部七司法》，编《光宗御集》。

金新修《泰和律》成。

蒙古铁木真与札木合展开"阔亦田大战"。

● 1201年，宋人编《朱子文集》成。

1202年，蒙古铁木真灭塔塔尔部，大败乃蛮部。

金更定德运为"土"。

宋陈自强等上《高宗实录》，谢深甫等上《庆元条法事类》。●

1202年，李心传《建炎以来朝野杂记甲集》成。

洪迈（1123—1202）卒。有《容斋随笔》《夷坚志》等，编《万首唐人绝句》等。●

● 1203年，宋陈自强等上《徽宗玉牒》《孝宗实录》《光宗实录》，修《皇帝会要》。

金完颜匡等进《世宗实录》。

蒙古铁木真兼并克烈部。

宋陆游有《西湖春游》等诗。

● 1204年，金张翼进《天象传》。金定"屯田户自种及租佃法"，又定"私碱法"，诏亲军三十五岁以下皆须习《孝经》《论语》，刊印医书《证类本草》。

蒙古铁木真、乃蛮部太阳汗破蔑儿乞部。

宋辛弃疾作《永遇乐·京口北固亭怀古》。

● 1205年，金初定"武举格"。

宋韩侂胄等上《钦宗玉牒》《宪圣慈烈皇后圣德事迹》。

● 1205年，袁枢（1131—1205）卒。著《通鉴纪事本末》等。

1206年，金初设急递铺。

蒙古各部在斡难河（今蒙古鄂嫩河）源召开大会，推举铁木真（1162—1227）为全蒙古的大汗，尊称"成吉思汗"，大蒙古国建立。●

1206年，宋杨万里（1127—1206）卒。其诗被称为"诚斋体"，中兴四大家"之一。有《诚斋集》等。●

● 1207 年，金陈大任修《辽史》成。

● 1207 年，徐梦莘（1126—1207）卒。著《三朝北盟会编》《北盟集补》《会录》《读书记志》《集送录》《集仙录》等。

辛弃疾（1140—1207）卒。有"词中之龙"之称，与苏轼并称"苏辛"，与李清照并称"济南二安"。《永遇乐·京口北固亭怀古》《水龙吟·登建康赏心亭》《破阵子》（醉里挑灯看剑）等广为传诵，有《稼轩长短句》，今人辑有《辛稼轩诗文钞存》。

● 1208 年，金改元帅府为枢密院。

"宋、金议和"，改叔侄为伯侄之国。

1209 年，蒙古攻占西夏西河地，进围中兴府。西夏求援于金。高昌回鹘附于蒙古。●

1209 年，姜夔（约1155—1209）卒。有《白石道人诗集》《白石道人歌曲》《续书谱》等。

陆游有《新年书感》等诗。●

● 1210 年，金检校《大金礼仪》。

● 1210 年，陆游（1125—1210）卒。与杨万里、范成大、尤袤并称"中兴四大家"，今存诗九千多首，其中《书愤》《示儿》《关山月》《游山西村》等广为传诵。有《剑南诗稿》《渭南文集》《南唐书》《老学庵笔记》等。

● 1211 年，蒙古于"野狐岭之役""会河堡之役"中大败金军，入居庸关，围中都。颁"条教"五章。

西域哈剌鲁附于蒙古。

金党怀英（1134—1211）卒。擅文章，工画篆籀，称"当时第一"。曾受诏编修《辽史》，著有《竹溪集》等。

● 1212 年，蒙古破金东京辽阳府，围金西京大同府。

1213 年，宋编《嘉定编修吏部条法总类》，史弥远等上《三祖下七世仙源类谱》《高宗宝训》《皇帝玉牒》《会要》。

1214 年，金迁都南京开封府。

金山东红袄军杨安儿称帝，建元"天顺"，与李全等攻山东诸州县。●

● 1215 年，蒙古下金中都，耶律楚材归附蒙古。

金改"交钞"为"贞祐宝券"。

● 1216 年，金完颜孛迭进《中兴事迹》。

宋李心传著《建炎以来朝野杂记·乙集》成。

1217 年，金命修《章宗实录》。

元好问本年作有《论诗绝句三十首》。●

1218 年，蒙古灭西辽。●

1219 年，花剌子模讹答剌守将劫杀蒙古商队，成吉思汗首次西征。

宋张九成撰《道学发微》。●

● 1220 年，蒙古军陷花剌子模不花剌城，破其都城撒麻耳干（今乌兹别克斯坦撒马尔干）。

宋夏定议，联合攻金。

蒙古耶律楚材进《庚午元历》。

宋刘克庄作诗《落梅》致祸。

1221 年，宋蒙互遣使通好。蒙古攻下花剌子模玉龙杰赤等十余城，于梯弗利思（今格鲁吉亚第比利斯）大败古儿只（今格鲁吉亚）。

黄幹（1152—1221）卒。朱熹女婿。著有《周易系辞传解》《仪礼经传通解续》《孝经本旨》《论语注语问答通释》《勉斋先生讲义》《朱侍讲行状》《勉斋诗钞》《黄勉斋先生文集》《晦庵先生语续录》《勉斋集》。●

1223 年，蒙古定西域诸城，设达鲁花赤管理。成吉思汗征服花剌子模诸国后，继续西进，于卡尔卡河畔击败乞瓦（今乌克兰基辅）和斡罗斯（俄罗斯）。●

1223 年，叶适（1150—1223）卒。"永嘉学派"的集大成者，与当时朱熹的理学、陆九渊的心学并列为"南宋三大学派"，对后世影响深远。著有《水心先生文集》《水心别集》《习学记言》等。戴复古自跋《石屏小集》。

是年，宋全国有户 1267 万，口 2832 万。●

1224 年，成吉思汗结束西征。●

● 1225 年，金命赵秉文等作《龟镜万年录》。

宋赵汝适撰《诸蕃志》成。

临安书商陈起刊行《江湖集》《江湖续集》，集中共收一百一十家诗人诗作，被称为"江湖派"。

1227 年，蒙古灭西夏。

成吉思汗卒于甘肃六盘山，四子拖雷监国。

丘处机（1148—1227）卒。全真道"七真"之一，龙门派祖师。元世祖时追尊其为"长春演道主教真人"。著《长春祖师语录》《大丹直指》《磻溪集》《摄生消息论》等。●

1229 年，蒙古推举窝阔台为大汗，是为元太宗。

耶律楚材始定册立礼仪。

蒙古始设仓廪、立驿传，始签军。●

● 1230 年，宋理宗亲撰《道统十三赞》。

蔡沈（1167—1230）卒。注《尚书》，撰《书集传》《洪范皇极》《蔡九峰筮法》等。

● 1231 年，蒙古大军入侵高丽。

蒙古始建中书省，耶律楚材为令。

● 1232 年，蒙古陷金中京（今河南洛阳），攻金南京（今河南开封）。

金赵秉文（1159—1232）卒。能诗文，工草书。著有《闲闲老人滏水文集》等。

元好问作《壬辰十二月车驾东狩后即事五首》。

1233 年，金主出奔蔡州。

蒙古以孔元楷袭封"衍圣公"，修孔子庙。●

1234 年，蒙、宋联军攻破蔡州城，金亡。●

1234 年，元好问首次编定词集《遗山新乐府》。

宋真德秀上《大学衍义》。●

● 1235 年，蒙古建都和林（今蒙古鄂尔浑河上游东岸之哈尔和林）。宋诏编《宋长编纲目》《尚书解》。真德秀（1178—1235）卒。与魏了翁齐名，学者称其为"西山先生"，创"西山真氏学派"。著《真文忠公集》。

● 1235—1242 年，成吉思汗之孙拔都西征。

● 1236 年，蒙古初印行"交钞"，始征丝料，并定课征之法。于燕京设编修所，于平阳设经籍所，编辑经史。

1237 年，拔都平钦察诸部，进攻斡罗斯。

蒙古统一衡量，立钞法，定均输制度，统一符印及驿马制度，始于燕京等十路设惠民局。

宋下诏国子监刊印朱熹《通鉴纲目》。●

1237 年，陈自明编《妇女大全良方》，为我国第一部较完整的妇产科专著。●

1238 年，蒙古国于燕京建太极书院，传习程朱理学。

● 1239 年，吴文英作《金缕歌》（乔木生云气）词。●

● 1240 年，蒙古军队征吐蕃。蒙古大军攻占基辅，直至多瑙河。

● 1241 年，宋诏将周敦颐、张载、二程、朱熹从祀孔庙，罢王安石从祀，颁《道统十三赞》。

蒙古设行省于燕京，窝阔台汗卒，乃马真后称制。

宋施发绘《脉跳动图象》。

● 1242 年，拔都以萨莱为都城，建立金帐汗国（又称"钦察汗国"）。

金帐汗国拔都远征南俄、波兰、匈牙利、摩拉维亚等地区。

1243 年，宋王与之著成《周礼订议》。

李心传（1166—1243）卒。著《建炎以来系年要录》《建炎以来朝野杂记》《旧闻证误》等。

王若虚（1174—1243）卒。撰《滹南诗话》及《论诗诗》等。

陈人杰（约1218—1243）卒。词存《沁园春》三十一首，有《龟峰词》等。

吴文英作《水龙吟·癸卯元夕》词。●

● 1244 年，全真教徒编成《道藏》。

宋颁《训廉》《谨刑》。

魏庆之《诗人玉屑》编成于本年。

耶律楚材（1190—1244）卒。有《湛然居士集》等。

吴文英有《凤栖梧·甲辰七夕》等词。●

● 1245 年，宋范钟等上《玉牒》《日历》及孝宗、光宗《御集》《经武要略》《宁宗实录》。

吴文英作《永遇乐》（风拂尘微）词。

● 1246 年，蒙古贵由为大汗。罗马教皇、回教主皆遣使来贺。欧洲传教士普兰诺·卡尔平尼等携教皇致蒙古大汗之信至和林。

吴文英有《西江月·丙午冬至》等词。

● 1247 年，蒙古招降吐蕃，以不奉岁贡名进攻高丽。

宋秦九韶著成《数书九章》。宋慈撰成《洗冤录》。

1248 年，蒙古释奠孔子庙。贵由汗卒，海迷失后称制。金李治撰成《测圆海镜》。宋罗大经撰成《鹤林玉露》甲集。●

● 1250 年，蒙古诸王、大将于阔帖兀阿兰之地议立蒙哥为大汗。

泉州开元寺双塔建成，为中国古代最大石塔。

● 1251 年，蒙古免海内儒士徭役，以西域僧那摩为国师，管理天下释教。

金医学家李杲（1180—1251）卒。"金元四大家"之一，中医"脾胃学说"的创始人，创补中益气、升阳益胃说，称"补土派"。

罗大经撰成《鹤林玉露》乙集。

● 1252 年，蒙哥汗之弟伊儿汗国的建立者旭烈兀西征。印度入贡于蒙古。

宋创置游击军。

罗大经撰成《鹤林玉露》丙集。

普济编成《五灯会元》。

1253 年，蒙古灭大理。

旭烈兀征报达（阿拔斯王朝首都，今伊拉克巴格达），征印度斯坦、克什米尔，大掠而还。●

1254 年，宋谢方叔等上《玉牒》《日历》《会要》《七朝经武要略》《中兴四朝志传》。●

● 1255 年，蒙古兴学校于京兆，以许衡为京兆提学。

● 1256 年，宋修浙江堤成。

旭烈兀尽灭木剌夷。

蒙古于汉地签军。

刘克庄有《丙辰元日》等诗。

● 1257 年，宋、蒙"襄阳之战"。

元好问（1190—1257）卒。被尊为"北方文雄""一代文宗"。有《论诗绝句三十首》《遗山集》《中州集》《中州乐府》《续夷坚志》等。

1258 年，旭烈兀率蒙古大军攻占巴格达，灭阿拔斯王朝。

刘克庄作《戊午元日》诗。●

1259 年，南宋发明突火枪，为原始的管形火器。

蒙哥汗卒于钓鱼城。

刘克庄作《续稿跋》。●

● 1260 年，忽必烈在开平（今内蒙古多伦西北）即汗位，建元"中统"。

大蒙古国以吐蕃僧八思巴为国师，统天下释教。

蒙古初创"中统宝钞"。

于燕京设行中书省及行六部。

● 1261 年，蒙古于各路设立医学，设翰林国史院，并议修辽、金史。下令保护各地孔庙。

宋行公田法。

杨辉撰《详解九章算术》成。

● 1262 年，蒙古命王鹗撰《太祖皇帝实录》，命回鹘人阿合马管理财赋。

安南入贡于蒙古。

范晞文成《对床夜话》。

1263 年，蒙古初立枢密院，升开平府为上都。

周密作歌咏西湖十景《木兰花慢》十首。●

1264 年，蒙古迁都燕京，设漕运司，设诸路行中书省，颁行新立条格。选儒士编修国史，译写经书，起馆舍，给俸禄。

宋文天祥作《跋诚斋锦江文稿》。●

● 1265 年，蒙古定制，各路以蒙古人为达鲁花赤，汉人为总管，回回人为同知。

● 1266 年，蒙古禁天文、图谶等书。铸银锭五十两，称"元宝"。

● 1267 年，蒙古筑中都城，修曲阜宣圣庙，于上都重建宣圣庙。

蒙古札马鲁丁制造了我国第一个地球仪，设回回司天台。

始括民田，发行"至元通行宝钞"。

宋周密作《南郊庆成口号》二十首。

1268 年，蒙古设御史台，始行榷茶，命从臣译《毛诗》《论语》《孟子》。

宋实行义役法，命建康府建"南轩书院"。

文天祥作《文山观大水记》。●

1269 年，大蒙古国颁行八思巴字。于诸路设蒙古字学，设国子学。

刘克庄（1187—1269）卒。撰有《后村先生大全集》。●

● 1270 年，大蒙古国设立大司农司，专管劝导、督察农业生产。

蒙古初给军官俸禄。颁行"农桑之制"十四条。设广惠司，聘用阿拉伯医生，配制回回药物。

● 13 世纪，活字印刷术传入朝鲜，中国的火药传入阿拉伯地区。

● 13 世纪后半期，黄道婆在松江地区推广棉纺织技术。

● 1271 年，蒙古设司天台官署。

忽必烈建国号为"大元"（1271—1368），忽必烈就是元世祖。

宋朱鉴孙进《群经要略》。

关汉卿《单刀会》《调风月》杂剧约作于本年前后。

1272 年，元朝改中都为大都，迁都大都。

元立京师蒙古国子学，下令官府文书须并用蒙古字。初设会同馆，掌接待外国使臣和周边部族之事。

吴文英（约1212—约1272）约卒于此年。有《梦窗词》等。●

1273 年，宋师显行进《注皇朝文鉴》。

元编成《农桑辑要》。●

1274 年，元修大都宫殿成。

元刘秉忠（1216—1274）卒。元大都的规划设计者。著《藏春集》《平沙玉尺经》等。

宋董声应进《诸史纂约》《兵鉴》《刑鉴》。●

● 1275 年，元设诸路转运使。马可·波罗到达元上都。

● 1276 年，文天祥为右丞相出使元营，被扣留，逃往温州。

元军攻陷临安，南宋亡。

元命编修新历。

汪元量本年作有诗《醉歌》十首、《越州歌》二十首、《湖州歌》九十八首等。

● 1277 年，元于泉州、上海、温州、广东、杭州、庆元（今浙江宁波）设市舶司。

1278 年，元初设提刑按察司于畏兀儿。

理学家姚枢（1201—1278）卒。

文天祥在海丰被俘，后被解往大都，1283 年遇害。●

1279 年，文天祥作《过零丁洋》。

南宋流亡朝廷与元军在厓山海战战败，陆秀夫负帝昺投海自尽，元统一中国。

元从郭守敬言，遣监候官四出测量晷度。

元编《至元州县社稷通礼》。●

● 1280 年，元颁行户籍则例。

郭守敬（1231—1316）等编成《授时历》。

命都实求黄河源。

八思巴卒。著《彰所知论》，制八思巴文字。

文天祥于狱中集杜甫诗成五言绝句二百首。

● 1281 年，元设登闻鼓院。

忽必烈第二次进攻日本失败。

元于澎湖群岛设置澎湖巡检司。

许衡（1209—1281）卒。奠元国子学基础，使朱子学定于一尊。著《读易私言》《鲁斋遗书》等。

文天祥作《正气歌》。

● 1282 年，元军征缅甸。

元修太庙及司天台。

刊行以蒙古、畏兀儿文字所写《资治通鉴》。

阿合马"奸赃案"。

1283 年，元严申私自易换金银禁令。

开云南驿道。

立"质子令"，凡大官子弟皆赴京师为人质。

方回自序其《瀛奎律髓》。●

1284 年，设八番宣慰司，招抚西南诸番。●

● 1285 年，裁撤市舶司，事务并入转运司。

胡三省《资治通鉴音注》成书。

● 1286 年，元禁携金、银、铜、铁出海贸易，颁布大司农司所定《农桑辑要》。

时诸路有学校 20166 所。

● 1287 年，元推行省制。

设国子监，设江南各道儒学提举司，造"至元宝钞"。

元军分道攻缅甸，入安南。

● 1288 年，元朝设立宣政院，管理吐蕃地区。

改济州漕运司为都漕运司，管理南北漕运。

新编《本草》成。

1289 年，设回回国子学，设高丽儒学提举司，

谢枋得（1226—1289）卒。有《叠山集》等。●

1290 年，修《太宗实录》。

王沂孙（？—约1290）约卒于此年。与周密、张炎、蒋捷并称"宋末词坛四大家"。有《花外集》（又名《碧山乐府》）。

是年，全国户 1320 万，口 5833 万。●

1291 年，颁《至元新格》，以此制定赋役征调之法。

派兵征琉球。●

1292 年，郭守敬主持开通通惠河，修大都城完毕。

派兵征爪哇，攻八百媳妇国。

设乌斯藏纳里速古儿孙三路宣慰使司。●

1294 年，忽必烈卒。

修《世祖实录》。

欧洲传教士孟特戈维诺至大都。●

● 1295 年，设北庭都元帅府。

《世祖实录》修成。

● 1296 年，始定征江南夏税之制。

王应麟（1223—1296）卒。其《困学纪闻》，居"宋代三大笔记"之首。有《玉海》《三字经》《汉书艺文志考证》等。

1298 年，罢江南门摊，恢复行用两税法。

周密（1232—1298）卒。与吴文英（号梦窗）齐名，时人称为"二窗"。编有《绝妙好词》，著有《武林旧事》《齐东野语》《癸辛杂识》《志雅堂杂钞》等。●

1299 年，朱世杰撰成《算学启蒙》。●

中华文化年表

● 1300 年，蔡正孙自序其所编《精选唐宋千家联珠诗格》。

至迟于 13 世纪末 14 世纪初，"回回"已明确指河中及以西地区信奉伊斯兰教的各民族。元代徙居中国各地的回回人，为今回族先民的主体。

大约在 14 世纪初，基督教第二次传入中国，元朝称"也里可温教"。

● 1301 年，定"强盗窃条格"。

关汉卿（1219—1301）卒。元杂剧奠基人，"元曲四大家"之首。有《窦娥冤》《拜月亭》《单刀会》《救风尘》等。

● 1303 年，禁诸人以金银丝线等物交于番人。

诏命僧人与普通人均需服差役。

岳铉进《大元一统志》。

1304 年，定蒙古、色目、汉人国子生员额，追收诸王驿券。

辛文房成《唐才子传》。●

● 1305 年，方回作《学诗吟》十首。

● 1306 年，邓牧（1246—1306）卒。对理学、佛教、道教均持反对态度，故号"三教外人"。著《洞霄宫志》《洞霄图志》《伯牙琴》等。

白朴（1226— 约 1306 后）约卒于本年之后。与关汉卿、马致远、郑光祖并称"元曲四大家"。所作杂剧十六种，今存《墙头马上》《梧桐雨》《东墙记》三种，另有词集《天籁集》。

● 1307 年，建行宫于旺兀察都（今河北张北）之地，立为中都。

令印《孝经》赐予诸王。

加孔子尊号为"大成至圣文宣王"。

方回（1227—1307）卒。倡江西诗派"一祖三宗"之说。编《瀛奎律髓》，诗文有《桐江集》《桐江续集》传世。

1308 年，禁白莲教。

发军士一千五百人修五台山佛寺。●

● 1310 年，疏浚会通河。

厘订海运都漕万户府制度。

戴表元（1244—1310）卒。有《剡源集》。

● 1311 年，命以蒙古语翻译《贞观政要》。

设上都通政院，管理蒙古诸驿。

禁医人非选试合格者行医。

● 1312 年，改和林行省为岭北行省。

1313 年，开行科举。

可里马丁上所编《万年历》。

王祯（1271—1368）改进活字印刷术，发明转轮排字法。又著成《农书》，是我国第一部涵盖全国范围的系统的农学著作。●

1314 年，设印经提举司、回回国子监，定官民衣服制度。●

1314 年，畏兀儿人鲁明善撰成《农桑衣食撮要》。

张炎（1248— 约 1314）约卒于此年之后。有《山中白云词》《词源》等。●

● 1315 年，廷试进士，蒙古、色目人为右榜，汉人、南人为左榜。

● 1316 年，命监察御史监治岭北行省。

● 1317 年，命以蒙古语翻译真德秀《大学衍义》。

● 1317 年，马端临《文献通考》刊行。

● 1318 年，苗好谦撰《栽桑图说》刊印。

1320 年，朱思本撰成《舆地图》。

1322 年，禁汉人执兵器及修习武艺，禁人民聚众祈神，禁白莲佛事。

申禁江南典雇妻妾。●

1322 年，赵孟頫（1254—1322）卒。书法和绘画成就最高，被称为"元人冠冕"。善篆、隶、真、行、草书，尤以楷、行书著称于世，创"赵体"书，"楷书四大家"之一。著有《松雪斋文集》等。●

1323 年，"南坡之变"，元英宗被杀。

颁行《大元通制》，修《仁宗实录》成。●

1324 年，马致远（约 1250—约 1321/1324 间）卒。有"曲状元"之誉，"元曲四大家"之一。作品今存《汉宫秋》《荐福碑》《岳阳楼》《青衫泪》《陈抟高卧》《任风子》《黄粱梦》，以《汉宫秋》最著名，散曲有《东篱乐府》。

周德清成《中原音韵》。●

● 1325 年，颁《道经》于天下。分天下为十八道。

设河南行都水监，知河防事务。

以宋董煟编《救荒活民书》颁各州县。

● 1326 年，以蒙古语译成《帝训》，赐名《皇图大训》。

● 1328 年，下令绘《蚕麦图》，颁《农桑旧制》十四条于天下。

1329 年，修《经世大典》。

张养浩（1270—1329）卒。诗文与元明善、曹元用并称"三俊"。有诗文集《归田类稿》、散曲集《云庄休居自适小乐府》等。

1330 年，《英宗实录》修成。

以董仲舒从祀孔庙。

回回人忽思慧撰成《饮膳正要》。

钟嗣成自序所撰《录鬼簿》。●

1331 年，修《皇朝经世大典》成。●

1332 年，铸造火铳，是世界现存最早的火铳。

欧阳玄作《渔家傲》鼓子词十二首。●

1333 年，吴澄（1249—1333）卒。与许衡齐名，并称为"北许南吴"。有《吴文正公全集》传世。

1334 年，以《授时历》赐予安南。●

● 1335 年，禁娶高丽女子为媵妾。

罢科举。

蒙古国子监成。

● 1336 年，王实甫（1260—1336）卒。著有杂剧十四种，现存《西厢记》《丽春堂》《破窑记》《贩茶船》《芙蓉亭》等。

● 1337 年，禁汉人、南人习蒙古、色目文字。

萨都剌有《溪行中秋玩月》诗。

1340 年，禁色目人娶叔母为妻。●

1341 年，命永明寺写金字经一藏。

杜本《敖氏伤寒金镜录》，成，为我国现存第一部舌诊专门著作。●

1342 年，颁《农桑辑要》。

罗马教廷所遣回访团至上都，献马于元帝。●

1343 年，同时开始修撰宋、辽、金史。●

1344 年，修成《辽史》《金史》。●

中华文化年表

● 1345 年，修成《宋史》。柯九思（1290—1343）卒。凡内府所藏法书名画，皆由其鉴定，又善鉴识金石。代表作品有《竹石图》《清閟阁墨竹图》《双竹图》等。有《丹丘生集》辑本。

● 1345 年，乔吉（？—1345）卒。与张可久并称为"元散曲两大家"。结集有《惺惺道人》《文湖州集词》《乔梦符小令》三种，近人辑为《梦符散曲》。

● 1346 年，吴复编杨维桢所作古杂诗为《铁崖先生古乐府》。

● 1347 年，命编《六条政类》。

1348 年，设司天台于上都。

方国珍起事于台州。

杨维桢作《玉山佳处记》。●

● 1350 年，废旧中统钞，发行"中统交钞"，铸"至正通宝"铜钱，与历代钱一齐流通。

● 1351 年，韩山童、刘福通、徐寿辉起事，元末农民起义爆发。郭子兴、方国珍、张士诚相继响应。徐寿辉以蕲水为都城称帝，国号"天完"，建元"治平"。

● 1351 年，元修筑黄河堤坝成，立"河平碑"。

设河防提举司，隶属行都水监。

1352 年，朱元璋投奔郭子兴义军。张可久（1280—约 1352）约卒于此年。生前曾编定《今乐府》《新乐府》等四种散曲集，已佚。今传有《张小山小令》《小山乐府》。●

● 1352 年，苏天爵（1294—1352）卒。编辑元代史料，平反冤狱，被民间称为"在世包公"。著《滋溪文稿》《元朝名臣事略》《元文类》等。

1354 年，吴镇（1280—1354）卒。擅画山水、墨竹。与黄公望、倪瓒、王蒙合称"元四家"。精书法，工诗文。存世作品有《渔父图》《双松平远图》《洞庭渔隐图》等，著有《梅道人遗墨》等。●

1354 年，黄公望（1269—1354）卒。擅画山水，师法董源、巨然，兼修李成法，世称"浅绛山水"。晚年以草籀笔意入画，"元四家"之一。撰有《写山水诀》，为山水画创作经验之谈。存世作品有《富春山居图》《九峰雪霁图》《丹崖玉树图》《天池石壁图》等。●

● 1355 年，刘福通拥立韩山童之子韩林儿为帝，号"小明王"，国号"宋"，都亳州。朱元璋继领郭子兴部。

● 1357 年，杨维桢为宋濂《潜溪后集》作序。

1358 年，朱震亨（1281—1358）卒。"金元四大家"之一。时人誉之为"朱一贴"。力倡"阳常有余，阴常不足"之说，被后世称为"滋阴派"的创始人。著有《格致余论》等。●

1359 年，元命京师十一门皆修瓮城，造吊桥。●

1359 年，王冕（1287—1359）卒。画作有《南枝春早图》《墨梅图》《三君子图》等。有《竹斋集》。

萨都剌（约 1307—约 1359 后）约卒于此年之后。后人辑有《雁门集》《萨天锡诗集》《天锡词》等。

高启作《听教坊旧妓郭芳卿弟子陈氏歌》。●

1361	1368	1370

1361

● 1361年，小明王封朱元璋为"吴国公"。朱元璋制定盐法、茶法，设元宝局。铸"大中通宝"铜钱。
杨维桢为赖良所编《大雅集》作序。

● 1362年，高启撰《娄江吟稿》。

1364年，朱元璋自立为"吴王"，年号仍用"龙凤"。●

1366年，朱元璋杀小明王。杨维桢有《送朱女士桂英演史序》等诗文。●

1367年，朱元璋始称"吴元年"，设文武科取士，命修律令成。●

1368

● 1368年，朱元璋在应天府称帝，建元"洪武"，国号"大明"，明朝建立，定都南京。元顺帝北逃。
明定卫所制及将兵法，京师设大都督府，为最高军事机关。
《大明律令》成。
于天界寺立善世院，作为中央僧官机构，管理天下寺观僧尼事务。
编定役法，按田派役，名曰"均工夫"。
戒后妃毋干政。禁宦官预政典兵。
天下府州县开设学校。
改大都为北平府，以汴京为北京，金陵为南京。定六部官制，每部设尚书、侍郎等官，隶属中书省。置京畿漕运司。改相国为丞相。
行《大统历》。颁"洪武通宝"钱，各行省置宝泉局铸钱。
诏孔子五十六代孙孔希学袭封衍圣公，置衍圣公官署，授其族人孔希大为曲阜世袭知县，立尼山、洙泗书院及孔、颜、孟三氏学，优免孔氏子孙及颜氏、孟氏大宗子孙徭役。
约于元末明初，传为罗贯中编撰的《三国志通俗演义》和施耐庵编撰的《水浒传》基本定型。

1369年，南京设局诏修《元史》，以宋濂、王袆为总裁。高启以荐修《元史》赴南京。宋濂等编《元史》成。以临濠府（治今安徽凤阳）为中都。●

1370

● 1370年，编撰《祖训录》，封九子、一从孙为藩王。置司农司。诏定科举选士之法。设弘文馆。定中盐法。初开乡试科。《大明集礼》成。成《大明志书》。建定辽都卫指挥使司。

● 1370年，高启自定《缶鸣集》，并自作序。汪广洋《凤池吟稿》完稿。
杨维祯（1296—1370）卒。与陆居仁、钱惟善合称"元末三高士"，其诗人称"铁崖体"。有《东维子文集》《铁崖先生古乐府》《丽则遗音》《春秋合题著说》《史义拾遗》等。
高明（约1301—约1370）约卒于此年。代表作《琵琶记》，有"曲祖""南曲之宗"之誉，诗文集有《柔克斋集》。

● 1371年，始开会试，乡试连举三年，以后三年一举。初行殿试。定内监官品佚。禁沿海民私出海。命吴祯练兵海上防倭。
小说家施耐庵（1296—约1371）约卒于此年。

1372年，高丽请遣子弟入国学。定宦官禁令，立六局一司。令正一嗣教真人张正常永掌天下道教事。明使以朱元璋建元告琉球中山国，中山国遣使入朝，为建立关系之始。朱元璋因见《孟子》有"草芥""寇仇"等语，令罢孟子配享孔庙。逾年恢复。●

1361	1368	1370

● 1372 年，危素（1303—1372）卒。负责主编宋、辽、金三史，并注释《尔雅》。著《吴草庐年谱》《元海运志》《危学士集》等。

夏庭芝（约 1316—约 1372）约卒于此年或稍后。今有《青楼集》存世。

● 1373 年，始设六科给事中，监察六部。撰成《祖训录》。置内政司，专纠宦官不法。《大明律》成。严令天下乐人不得演取材古帝王之戏。又下令禁止表章用四六文辞。

西藏喇嘛教格鲁派创始人宗喀巴进行宗教改革，创黄教。

高启作《槎轩记》，徐贲作《蜀山书舍记》。

1374 年，定屯田法。修《皇明宝训》《大明日历》成。●

1374 年，高启（1336—1374）卒。与王行等称"北郭十友"，与杨基、张羽、徐贲并称为"吴中四杰"。有诗集《高太史大全集》、文集《凫藻集》、词集《扣舷集》等。张羽作挽诗《槎史赴台》，张适作《高季迪哀辞》以悼高启。

倪瓒（1301/1306—1374）卒。"元四家"之一。存世作品有《渔庄秋霁图》等，著有《倪云林先生诗集》《清閟阁集》等。●

● 1375 年，诏全国立社学，授《千字文》《百家姓》、小学、经史、历算等。修《洪武圣政记》。御制《资世通训》。立钞法，始造"大明宝钞"。宋濂、赵谦等参与修纂《洪武正韵》成。

刘基（1311—1375）卒。与宋濂、高启并称"明初诗文三大家"。有《诚意伯刘先生文集》。

● 1376 年，改中书省为承宣布政使司。徙山西、真定民无业者屯凤阳。空印案起。修都江堰。

诏天下州郡县纂修志书。

陶宗仪《书史会要》成。

● 1377 年，免仕者徭役，著为令。初置通政使司。赐勋臣公侯丞相以下庄田。

谢应芳编次所著为《龟巢稿》。

1378 年，改南京为京师，开封罢称北京。命奏事毋关白中书省。始于贵州屯田。

瞿佑著成《剪灯新话》，成为以后《三言》《二拍》创作的重要参考题材。

杨基（1326—约 1378）约卒于此年之后。有《眉庵集》等。●

1379 年，定公主、郡主、县主岁禄之数。定学校禁条。

谢应芳辑《思贤录》。●

● 1380 年，"胡惟庸案"，株连者达一万五千余人。罢中书省，废丞相，以政归六部。改大都督府为五军都督府。废御史台，置谏院官。定南北更调用人之法。修《臣戒录》成，颁之。令州县学师生日给米一升。以中书省废，设春、夏、秋、冬四辅官。立倒钞法，置行用库于京师及诸府州县，隶户部。

宋濂因孙宋慎涉"胡惟庸案"，举家谪茂州（今四川茂县）。

● 1381 年，朱元璋命颁《四书》《五经》于北方学校。改国子学为国子监。命各府州编制《黄册》，立里甲制度，以管理户籍、赋役。

宋濂（1310—1381）卒。"明初诗文三大家"之一，又与章溢、刘基、叶琛并称为"浙东四先生"。被明太祖朱元璋誉为"开国文臣之首"，学者称其为"太史公""宋龙门"。代表作有《送东阳马生序》等，主修《元史》，有《周礼集说》《孝经新说》《宋学士全集》等。

1382 年，灭大理，置云南布政使、云南都指挥使司。令天下僧道田不得买卖。颁《军法定律》。改仪鸾司为锦衣卫。定孔子释奠礼，令每岁春秋以上丁日通祀文庙。置殿阁大学士。置僧录、道录二司，隶礼部，监管僧、道。●

1384 年，颁科举取士式，乡、会试首试《五经》《四书》，试各三场。禁宦官预外事，禁诸司与内官监文移往来。免灶户杂役。建州女真斡朵里部孟特穆（努尔哈赤先祖）袭父爵为豆蛮，是为满洲兴起之始。●

● 1385 年，定州县官府三年一朝之制。颁《御制大诰》于天下。命百官俸禄皆给钞。

王蒙（1301 或 1308—1385）卒。"元四家"之一。存世作品有《青卞隐居图》《夏山高隐图》等。

张羽（1333—1385）自杀。"吴中四杰"之一，又与高启、王行、徐贲等十人并称"北郭十才子"，亦为"明初十才子"之一。有《静居集》。

● 1386 年，颁《大诰续编》。屯田云南。颁《大诰三编》。定工匠轮班制度，工匠轮班入京服役，每两年一次，每次三个月。

● 1387 年，编《鱼鳞图册》，以登记土地，与《黄册》并行。

1388 年，颁《武臣大诰》。徙泽州、潞州民无业者垦田河南、河北。会试后，定一甲进士第一名授修撰，第二、第三名授编修之制。《大明律例》成。

1389 年，改大宗正院为宗人府。

徙江南民屯田淮南。置兀良哈三卫。

徙山西民于北平、山东、河南。

增造十文至五十文小钞。

禁在京军官、军卒学唱、下棋、蹴圆（踢球），违者分别以割舌、断手足惩处。●

● 1390 年，禁吏卒科举。

● 1392 年，更定府州县岁贡生员数。定全国卫所军屯制度。令清点天下寺观，僧众集中居住。

● 1393 年，"蓝玉案"发，牵连一万五千余人。

徐贲（1335—1393）卒。"吴中四杰"之一。有《北郭集》等。

1397 年，始命举人署教谕、训导等官。

颁《大明律诰》。

以会试所取皆江南人，主考官刘三吾得罪戍边。复亲策诸贡士，取者皆北人，时称"南北榜"。●

1398 年，朱元璋卒，建文帝继位。削藩，周、齐、代、岷诸王以罪被捕。

是年，朱权作《太和正音谱》成，编刊《琼林雅韵》。朱镳辑《至治之音》。●

1399 年，"靖难之役"起。●

● 1400 年，罗贯中（约 1330—约 1400）约卒于此年。代表作《三国演义》等。

● 1401 年，《太祖实录》成。朱权著成《汉唐秘史》。

1402 年，燕王克南京，建文帝下落不明。

方孝孺（1357—1402）不肯为朱棣草诏，被杀。姚广孝称其为"读书人的种子"。有《逊志斋集》等。

燕王于南京即位，是为成祖，革建文年号，称洪武三十五年。命解缙、黄淮、杨士奇入值文渊阁，参预机务，内阁预急务自此始。

重修《太祖实录》。

是年，北元废元朝国号，称"鞑靼"。

1403 年，改北平为北京顺天府。改北平行都司为大宁都司，移于保定。

兀良哈三卫（泰宁、富余、朵颜）南移。重修《太祖实录》成。

命解缙始编《永乐大典》。

诏令禁止亵渎帝王之词曲。●

1404 年，置奴儿干卫（今黑龙江下游俄罗斯特林）。始选进士为翰林院庶吉士。以僧道衍为太子少师，复姓姚，赐名广孝。封琉球山南尚应祖为山南王。

是年，置建州卫，以纳哈出为指挥使。置天津卫。置沙洲卫（今甘肃敦煌）。●

● 1405 年，遣宦官山寿率兵出云州（今河北赤城），为内臣典兵之始。野人女真首领来朝。

● 1405—1433 年，郑和先后七次出使西洋诸国。

● 1406 年，用兵安南。

诏以明年五月建北京宫殿。

1407 年，封西番尚师哈立麻为"大宝法王"，领天下释教。

改安南为交趾，设交州等十五府，设交趾布政使司。

解缙、姚广孝等编成《永乐大典》，为中国古代规模最大的一部类书。●

● 1407—1420 年，修建北京城。

1409 年，明成祖派兵北征鞑靼，全军覆没。

郑和第二次出使西洋归来。

郑和第三次出使西洋。

是年，设北京宝钞提举司。

甘丹寺建成，为黄教四大寺院中修建最早、宗教地位最高的寺院。

明朝在东北特林（今黑龙江入海口处）设立奴儿干都指挥使司，统辖东北地区。

始建十三陵。●

● 1410 年，明成祖亲征鞑靼，于斡难河大败鞑靼，鞑靼被迫向明朝纳贡。

● 1411 年，命宋礼疏通南北运河。命姚广孝、夏原吉重修《太祖实录》。

● 1412 年，郑和第四次奉命出使西洋。

陶宗仪（1329—约1412）约卒于此年。工诗文，善书画，成语"积叶成书"讲述的便是他的故事。有《南村辍耕录》《书史会要》《说郛》《南村诗集》等。

是年，设建州左卫。行支运法，罢海陆运。颁《修志凡例》十六条。

1413 年，于昌平修成天寿山，命曰"长陵"。立永宁寺碑于奴儿干都司。●

1414 年，明成祖第二次亲征瓦剌。

命胡广、杨荣、金幼孜等纂修《五经大全》《四书大全》《性理大全》等。●

● 1415 年，陈诚自西域还，进《西域记》《行程记》。

解缙（1369—1415）卒。与杨慎、徐渭并称"明朝三才子"。有《解文毅公集》《春雨杂述》等。

● 1416 年，颁《五经大全》《四书大全》《性理大全》于两京六部、国子监和各府州县学。廷议迁都北京。

黄淮、杨士奇等奉命编撰《历代名臣奏议》成。

马欢著成《瀛涯胜览》。

宗喀巴弟子妙音法王于拉萨创建哲蚌寺。

● 1417 年，郑和第五次出使西洋。

修曲阜孔庙成。

1418 年，重修《太祖实录》成，纂修《太祖宝训》成。诏修天下郡县志，颁《纂修志书凡例》二十一条。

宗喀巴弟子释迦也失于拉萨创建色拉寺。

姚广孝（1335—1418）卒。"靖难之役"功臣之一，人称"黑衣宰相"。著《道余录》《姚少师集》等。

胡广（1370—1418）卒。曾奉命编纂《五经大全》。有《胡文穆公集》等。●

1419 年，定死罪咸送京师，必三复奏。谕僧道违伤风化者，杀无赦。

宗喀巴（1357—1419）卒。藏传佛教格鲁派（黄教）创立者。著有《菩提道次第略论》《密宗道次第广论》《中观论广释》等。●

● 1420 年，山东唐赛儿以白莲教起义，自称"佛母"。

设东厂特务机构于北京。

中国最大的铜钟永乐钟铸成。

诏以明年元旦改京师为南京，定北京为京师。北京郊庙宫殿建成。

李昌祺《剪灯余话》成。

● 1421 年，明朝迁都北京，南京改为留都。

命郑和第六次出使西洋。

皇宫奉天、华盖、谨身三殿因雷击火灾。

1422 年，成祖第三次亲征蒙古。

郑和第六次出使西洋还。

贾仲明（1343—约1422）约卒于此年以后。散曲集有《云水遗音》等，杂剧有《金安寿》《玉梳记》《菩萨蛮》和《玉壶春》，撰《录鬼簿续编》等。●

1423 年，成祖第四次亲征蒙古，鞑靼王子也先干降，封"忠勇王"，赐名"金忠"。

高棅（1350—1423）卒。"闽中十才子"之一。著有《啸台集》《木天清气集》等，编有《唐诗品汇》。

是年，产铁6206745斤。●

1424 年，成祖第五次亲征蒙古，死于军中，葬于长陵。

郑和第七次出使西洋。●

● 1425 年，更定科举法，定南北取士名额。

瞿佑《归田诗话》成书。

● 1426 年，始立内书堂教习，专授小内使书，自是宦官始通文墨，掌章奏，照阁票批朱，与外廷交结。

● 1426—1434 年（明宣宗宣德年间），用黄铜添加金、银等铸成的香炉，工艺考究，世称"宣德炉"。

1427 年，科举始分南、北、中卷取士，北人预首选自此始。

撤交趾布政使司。

瞿佑（1341—1427）卒。有《剪灯新话》《乐府遗音》《归田诗话》《存斋遗稿》等。●

● 1430 年，眼镜传入中国。

擢周忱等六人为侍郎，巡抚两京、山东、山西等地，为各地专设巡抚之始。

筑浙江海堤。

● 1431 年，金幼孜（1367—1431）卒。与胡广、杨荣等纂《五经大全》《四书大全》《性理大全》等，著《北征录》及《后北征录》，后人辑成《金文靖公集》。

● 1432 年，推行"中盐法"至边镇。

● 1433 年，重修奴儿干都司永宁寺碑，碑文用汉、女真、蒙、藏四种文字书写。

1434 年，初命御史巡仓。

罢陕西马市。

曹端（1376—1434）卒。被推为"明初理学之冠"。著有《四书详说》《性理文集》《训蒙要纂》《儒学宗统谱》等，清代张璟集为《曹月川先生遗集》。●

1436 年，为皇帝讲经说史的经筵制度正式形成。

费信著《星槎胜览》。●

1437—1447 年，修建观象台。●

1438 年，僧克主杰卒，著《宗喀巴大师传》等。●

1439 年，禁番人市易耕牛、铜、铁器。

朱有燉（1379—1439）卒。有杂剧及同名散曲集《诚斋乐府》等。●

● 1440 年，大修北京宫殿。《大藏经》刊行，计六百三十六函，六千三百六十一卷。

杨荣（1371—1440）卒。与杨士奇、杨溥并称"三杨"，"台阁体"代表人物之一。有《杨文敏集》《北征记》等。

● 1441 年，宦官王振专权，百官皆呼王振为"翁父"。

杨士奇主持修纂《文渊阁书目》。

● 1442 年，始置太仓银库，以储"金花银"（税粮折收的银两，又名折色银或京库折银）。

诏禁《剪灯新话》等小说。

1443 年，分建建州左卫、建州右卫。

铸针灸俞穴铜人像，有六百六十六处穴位。●

1444 年，杨士奇（1365—1444）卒。与杨荣、杨溥并称"三杨"。有《东里全集》《文渊阁书目》《历代名臣奏议》等。

以矿税沉重，矿工叶宗留聚众起义。●

● 1445 年，校勘《道藏》告竣，共五千三百零五卷。

瓦剌也先侵哈密，破兀良哈三卫，远胁朝鲜。

● 1446 年，杨溥（1372—1446）卒。有《文定集》《水云录》等。

● 1447 年，颁佛、道两教经典于全国。

禁以瓷器与外番交易。

1448 年，福建邓茂七起义，号"铲平王"，国号"太平"。

以钞法不行，禁用铜钱。

朱权（1378—1448）卒。有《太和正音谱》《琼林雅韵》等。●

1449 年，"土木堡之变"，明英宗被俘，于谦等拥立景泰帝即位，保卫北京。●

● 1451 年，始设漕运总督。

● 1452 年，京城"隆福寺商贸店"成立。

李昌祺（1376—1452）卒。有《剪灯余话》《运甓漫稿》《侨庵诗余》等。

● 1453 年，也先自立为"大元天圣可汗"，其次子为"太师"。

1454 年，定会试南、北取士额。

1456 年，修《寰宇通志》成。

叶盛初定所著《箓竹堂稿》。●

1457 年，"夺门之变"，明英宗复位。

于谦（1398—1457）卒。有《于忠肃集》。●

● 1461 年，修《大明一统志》成。

● 1462 年，扩充锦衣卫狱。

戴进（1388—1462）卒。明代院体画中第一手，有"浙派创始人"之称。

● 1463 年，会试，贡院起火，烧死举子逾九十人。

● 1464 年，明英宗朱祁镇卒，遗诏停用宫人殉葬。

改由内阁、吏部授官旧制，始由宦官传旨授官，是为"内批"。立武举法。以没曹吉祥之田设置"宫中皇庄"，"皇庄"之名自此始。

薛瑄（1389—1464）卒。理学"河东学派"的创始人，世称"薛河东"。清人称之为"明初理学之冠"，"开明代道学之基"。有《薛文清公全集》。

● 1465 年，白鹿洞书院恢复教学活动，以名儒胡居仁为山长。

● 1465—1476 年，荆襄流民起义。

1467 年，《英宗实录》修成。●

1469 年，吴与弼（1391—1469）卒。理学家，"崇仁学派"创立者。著有《康斋文集》《日录》等。●

● 1471 年，明宪宗（1465—1487 在位）自此不再召见大臣。

● 1472 年，李东阳自京师南归省墓，所至有诗作，汇为《南行稿》。

● 1474 年，僧成（1391—1474）卒。宗喀巴弟子之一，第一世达赖喇嘛。

叶盛（1420—1474）卒。编《箓竹堂书目》《两广奏草》《箓竹堂稿》，著《水东日记》《水东诗文稿》《文庄奏疏》《秋台诗话》《宣镇诸序》等。

● 1480 年，钦察汗国为莫斯科大公伊凡三世所灭。

吴宽作《哀流民辞》。

● 1481 年，御制《文华大训》修成。

沈周作《大石状》长诗和《余杭大石图》。

● 1482 年，陈献章过南安，与张弼晤，张弼辑二人问答诗为《玉枕山诗话》。

1483 年，命宦官收购鸦片。

陈铎《词林要韵》刊行。●

1484 年，设云南孟密安抚司。

胡居仁（1434—1484）卒。理学家。著有《胡文敬公集》《易象钞》《易通解》《敬斋集》《居业录》及《居业录续编》等。●

● 1485 年，罢传奉官。
定轮班匠以银代役法。
许诸生纳粟入监。令武臣纳粟袭军职。

● 1486 年，明宪宗封金阙、玉阙真君为"上帝"。
杨循吉与赵宽等集会，作《七人联句诗记》。

● 1487 年，邱濬进《大学衍义补》。
定科举考试会试采用八股文体。
都穆著《听雨纪谈》。

1487—1505 年，明孝宗朱祐樘在位，历史上称为"弘治中兴"。●

1488 年，祝允明作《蚕衣》。
赵宽作《游莺脰湖诗引》。●

● 1490 年，卢沟桥落成。

● 1491 年，《宪宗实录》成。
娄谅(1422—1491)卒。王阳明曾向他求教，并得到"圣人可学而致之"的启迪。著有《日录》《三礼订讹》《诸儒附会》《春秋本意》等。

1493 年，刘吉(1427—1493)卒。与万安、刘翊在成化时无所规正，时有"纸糊三阁老，泥塑六尚书"之谣。以久居内阁，受弹劾不去，人称"刘棉花"。
沈周作《鸳鸟行》诗。●

1494 年，改修嘉峪关。●

● 16 世纪初期，花生传入中国。
● 1500年，陈献章（1428—1500）卒。开明儒心学先河，创"茅龙笔"和"茅龙书法"。创"江门学派"，有"岭南一人""岭学儒宗"之誉。代表作有《慈元庙碑》《忍字赞》《戒色歌》《戒戏歌》《戒懒文》等，著有《白沙集》《白沙诗教解》等。
李梦阳作《时命篇》。

● 1501 年，倪岳（1444—1501）卒。著有《青溪漫稿》等。

● 1502 年，《大明会典》撰成。
使用方格簇育蚕。
出现填食肥育的填鸭法。

1504 年，阙里先师庙成，孝宗遣李东阳往祭告，并立御制碑文。
李东阳《拟古乐府》编成。
沈周咏七律《落花诗》十九首，文徵明、徐祯卿等有诗和之。
文徵明编《甲子杂稿》。
是年，全国户 10508935，口 60105835。●

● 1505 年，明武宗继位，宦官刘瑾等始用事。

李梦阳上书斥外戚而下锦衣狱，作《述愤》诗。

王鏊刻《震泽编》。

● 1506 年，李梦阳与何景明、陆深校选袁凯《海叟集》。

王磐作散曲《咏喇叭》。

● 1507 年，《历代通鉴纂要》成。

明武宗命于西华门外别筑宫院，造密室于两厢，命曰"豹房"。

陈铎（约 1454—1507）卒。工散曲，金陵教坊中人称为"乐王"。有散曲集《梨云寄傲》《秋碧乐府》《滑稽余韵》及词集《草堂余意》等。

1508 年，王恕（1416—1508）卒。与马文升、刘大夏合称"弘治三君子"，辅佐孝宗朱祐樘实现"弘治中兴"。与其子王承裕并为"三原学派"的代表人物。有《王端毅公奏议》《历代名臣谏议录》等。

徐祯卿自定所著《迪功集》《谈艺录》。●

1509 年，《孝宗实录》成。

沈周（1427—1509）卒。创"吴门画派"，与文徵明、唐寅、仇英并称"明四家"。传世作品有《庐山高图》等，著《客座新语》《石田集》《江南春词》等。

王守仁于贵阳书院开讲"知行合一""致良知"等说。●

● 1510 年，明武宗崇佛事，自称"大庆法王"，有司铸印以进。

刘瑾被凌迟处死。

刘六、刘七起事。

祝允明作《九愍》《南山小隐记》。

● 1511 年，葡萄牙侵入满刺加。

徐祯卿（1479—1511）卒。"吴中四才子"（亦称"江南四大才子"）之一，被称为"吴中诗冠"。有《迪功集》《谈艺录》等。

● 1512 年，马中锡（1446—1512）卒。有《东田集》等。

1513 年，时称"外四家"的宣府、大同、辽东、延绥四镇兵入京营，明武宗常戎装临阅，名"过锦"。●

1514年，乾清宫焚毁，重修。

唐寅作《荷莲桥记》●

● 1515 年，葡萄牙使臣拉裴尔·伯斯德罗抵达中国。

王鏊刻《大唐六典》。

● 1516 年，徐爱（1487—1517）卒。王守仁妹夫，亦为其最早及门弟子。著《徐横山遗集》。

李东阳（1447—1516）卒。倡"茶陵派"。有《怀麓堂集》《怀麓堂续稿》《燕对录》等。

李梦阳作《结肠操》。

1517 年，王守仁于江西赣州行"十家牌法"。

葡萄牙人冒充满刺加使者抵广州，通商未果，炮轰广州城。●

1518 年，明武宗自称"威武大将军"北上巡边。

王守仁撰《朱子晚年定论》。

李时珍（1518—1593）生。著《本草纲目》。●

1519 年，宁王朱宸濠反，王守仁平定。●

● 1520 年，大学士杨廷和请罢养猪及杀猪之禁（此前，武宗讳"猪"与"朱"同音，下养猪禁令），不从。

● 1521 年，梅鷟（约 1483—1553）卒。著《尚书考异》《尚书谱》《南雍志·经籍考》《南雍志》《古易考原》《春秋指要》《仪礼翼经》等。

何景明（1483—1521）卒。"前七子"之一，与李梦阳并称"文坛领袖"。有《大复集》。

1522 年，禁宦官子弟世袭锦衣卫官职。

罗贯中《三国志通俗演义》刻本刊行于世。●

1522—1566 年（明世宗嘉靖年间），魏良辅等取弋阳、海盐等唱腔和民曲之长，改革昆腔。●

1523 年，明军于广东新会击败葡萄牙人的入侵，缴获其铜质后装式火炮，称为"佛朗机炮"。世宗嘉靖时，改良铸炮技术，渐用铁铸。●

1524 年，"大礼仪之争"。

唐寅（1470—1524）卒。明代画家、书法家、诗人。与祝允明、文徵明、徐祯卿并称"吴中四才子"。绘画与沈周、文徵明、仇英并称"吴门四家"，又称"明四家"。作品有《骑驴思归图》《山路松声图》《事茗图》《王蜀宫妓图》《李端端落籍图》《秋风纨扇图》《枯槎鹳鹆图》等，著有《六如居士全集》。●

● 1525 年，《大礼集议》成。

李梦阳诗集《弘德集》刊刻，自为序。

● 1526 年，定官吏久任法。《恭穆献皇帝实录》成。

祝允明（1460—1526）卒。"吴中四才子"之一。有《怀星堂集》等。

1528 年，颁《明伦大典》。●

1529 年，废轮班匠役，改为按季征银。

杨廷和（1459—1529）卒。曾参与编修《明宪宗实录》《明孝宗实录》《明武宗实录》《大明会典》，有《杨文忠公三录》《石斋集》传世。

王守仁（1472—1529）卒。提出"致良知"，世称"阳明心学"。著《传习录》《王文成公全书》。●

● 1530 年，正孔子祀典，厘正从祀诸贤。

在北京正阳、安定、朝阳、阜成四门之外，建圜丘、方泽、日坛、月坛，称"四郊坛"。

李梦阳（1473—1530）卒。与何景明、徐祯卿、边贡、王廷相、康海、王九思并称"前七子"。有《空同集》。

王磐（1470？—1530）卒。为"南曲之冠"。有《西楼乐府》《西楼诗集》等。

● 1531 年，罗钦顺撰成《困学记》，系统论述理气关系。

原产于中美洲的玉米，最早传到我国的广西地区。

归有光结南社、北社。

● 1532 年，河决鱼台（今山东鱼台）。

边贡（1476—1532）卒。"前七子"之一。有《华泉集》等。

1533 年，顾元庆编刊《阳山顾氏文房小说》。

董沄（1457—1533）卒。有《求心录》《日省录》等。

王宠（1494—1533）卒。有《雅宜集》《东泉志》等。●

1534 年，陈侃、高澄出使琉球，途经钓鱼岛等岛屿。

建皇史宬，储藏档案书籍。

许诰（1471—1534）卒。有《通鉴纲目前编》等。●

1538年，夏尚朴（1466—1538）卒。少师娄谅，传"主敬"之学。有《中庸语》《东岩文集》等。●

● 1540年，康海（1475—1540）卒。"前七子"之一。有《对山集》《中山狼》《沜东乐府》等。

● 1541年，顾元庆辑《顾氏明朝小说四十种》。

洪楩约于嘉靖二十年至三十年间编刊《六十家小说》。《清平山堂话本》约刊于此年以后。

王艮（1483—1541）卒。创"泰州学派"。有《王心斋先生遗集》。

1542年，严嵩入阁。

吕柟（1479—1542）卒。有《周易说翼》《尚书说要》《毛诗说序》《礼问内外篇》《春秋说志》《四书因问》《泾野诗文集》《泾野子内篇》《泾野集》等。

《西游记》初稿至本年或已著成。●

1543年，梁辰鱼传奇《浣纱记》作于本年前后。●

1544年，陆楫、黄标同编《古今说海》刊行。

王廷相（1474—1544）卒。"前七子"之一。有《王氏家藏集》等。●

● 1545年，续纂《大明会典》。

1547年，葡萄牙人入寇漳州。

李开先成《宝剑记》《市井艳词》。

田汝成著《西湖游览志》《西湖游览志余》。

罗钦顺（1465—1547）卒。有《困知记》《整庵存稿》等。●

1548年，陈建《学蔀通辨》刊行，捍卫程朱理学。●

1549年，江南的水稻品种达三十八个。●

● 16 世纪中期，马铃薯传入中国。

● 1550 年，重修《大明会典》成。俺答围京师，史称"庚戌之变"。何良俊刻《何氏语林》。

　● 1551 年，王九思（1468—1551）卒。"前七子"之一。有《渼陂集》《碧山乐府》《沽酒游春》《中山狼》等。

　　● 1552 年，耶稣会教士方济各至广东上川。

1553 年，补铸洪武至正德九号钱，每号百万锭。

葡萄牙人通过贿赂明朝地方官员，被许入澳门经商。

现存最早的《唐书志传》刻本刊行于世。●

1554 年，欧阳德（1496—1554）卒。心学家，著有《欧阳南野集》。

梁有誉（1519—1554）卒。与欧大任、黎民表、吴旦、李时行同师事香山黄佐，结社南园，被列为"南园后五先生"。与李攀龙、王世贞、谢榛、宗臣、徐中行、吴国伦共结诗社，史称"后七子"。有《兰汀存稿》等。●

● 1555—1558 年，明朝大将胡宗宪、俞大猷、戚继光等接连重创倭寇。

　● 1556 年，戚继光始于浙江组织民壮为"戚家军"。

李开先编成诗文集《闲居集》。

徐渭《玉禅师翠乡一梦》作于本年前后。

　　● 1557 年，葡萄牙人在澳门搭盖房屋居住，置官属，为其盘踞澳门之始。

1559 年，倭寇之王王直被推上断头台。

杨慎（1488—1559）卒。与解缙、徐渭合称"明朝三才子"。有《升庵全集》《升庵长短句》《二十一史弹词》等。

王慎中（1509—1559）卒。与李开先、唐顺之、陈束、赵时春、熊过、任瀚、吕高合称"嘉靖八才子"。有《遵岩先生集》《玩芳堂摘稿》等。

文徵明（1470—1559）卒。诗、文、书、画无一不精，人称"四绝"，与沈周共创"吴派"，"明四家"（"吴门四家"）之一，"吴中四才子"之一。有《真赏斋图》《绿荫草堂图》《甫田集》等。

徐渭著成《南词叙录》。●

● 1560 年，湛若水（1466—1560）卒。哲学家、教育家、书法家，创"甘泉学说"。有《格物通》《湛甘泉集》《心性图说》《杨子折衷》等。

唐顺之（1507—1560）卒。"嘉靖八才子"之一，与归有光、王慎中合称"嘉靖三大家"。有《荆川先生文集》等。

　● 1561 年，范钦于宁波创建天一阁藏书楼。

　　● 1562 年，《永乐大典》藏书楼失火，诏重录正副二本以备意外。

三殿成，改奉天曰皇极、华盖曰中极、谨身曰建极。

陈九川（1494—1562）卒。与舒芬、夏良胜、万潮被称为"江西四谏"。著有《明水先生集》《传习续录》等。

邹守益（1491—1562）卒。有《东廓文集》《诗集》等。

1563 年，诏修北京外城。●

1564 年，罗洪先（1504—1564）卒。创立地图符号图例，绘成《广舆图》。著有《念庵集》《冬游记》等。●

● 1565 年，始以潘季驯总理河道。诛严世藩。

东南倭寇平息。

● 1566 年，归有光成《都堂稿》。何良俊刻《何翰林集》。

黄佐（1490—1566）卒。著有《琼台外记》《诗经通解》《明言类选》《文艺流别》《春秋传意》《庸言》《翰林记》《诗文集》等。

郎瑛（1487—1566）卒。有《七修类稿》等。

● 1567 年，重录《永乐大典》。

明朝有限度地开放海禁，史称"隆庆开海"。

陈建（1497—1567）卒。著有《皇明通鉴》《滥竽录》《易说》等。

● 1567—1572 年（明穆宗时期），中国发明"种痘法"。

1568 年，李开先（1502—1568）卒。"嘉靖八才子"之一。有《闲居集》《宝剑记》《园林午梦》等。●

1569 年，归有光《兔园杂钞》辑于此年。

李攀龙《古今诗删》最迟于本年编成。

何良俊刻其所著《四友斋丛说》。●

● 1570 年，徐师曾《文体明辨》成。

高濂作传奇《玉簪记》。

李攀龙（1514—1570）卒。"后七子"领袖人物。有《古今诗删》《沧溟先生集》等。

● 1571 年，鞑靼部俺答汗接受明朝"顺义王"册封。

归有光（1507—1571）卒。"嘉靖三大家"之一，散文时称"今之欧阳修"。有《三吴水利录》《震川文集》等。

● 1572 年，明神宗继位，张居正辅政十年，史称"万历中兴"。

《王文成公全书》刻于杭州。

王世贞成《艺苑卮言》。

1573 年，张居正成《帝鉴图说》。"张居正改革"。●

1574 年，钱德洪（1496—1574）卒。著有《绪山会语》《平濠记》《王阳明先生年谱》等。

柯维骐（1497—1574）卒。著有《宋史新编》《史记考要》《续莆阳文献志》《艺余集》《杂著》《河汾传》等。

李贽作《苏子由解老序》。

周复俊作《东吴名贤记》。●

● 1575 年，汤显祖《红泉逸草》刊于临川。

王世贞撰定《弇州山人四部稿》。

谢榛（1495—1575）卒。"后七子"之一。有《四溟山人全集》。

● 1577 年，《世宗实录》成。

章潢著成《图书编》，以左图右史为要例，凡历代有图可考之书籍均收录其中。

汤显祖《紫箫记》作于本年秋至万历七年间。

1578 年，俺答汗尊黄教锁南坚错为"圣识一切瓦尔达赖喇嘛"，即达赖喇嘛三世，为"达赖喇嘛"称号之始。

潘季驯用"束水攻沙"法治理黄河有成。

徐中行（1517—1578）卒。"后七子"之一。有《天目先生集》《青萝馆诗》等。

是年，全国户 10621466，口 60692856。

1579 年，毁应天等府书院六十四所。

潘季驯著成《河防一览》。●

● 1580 年，刊刻《十三经注疏》。意大利耶稣会士罗明坚以重贿入居肇庆。

冯惟敏（1511—约 1580）约卒于此年。有《海浮山堂词稿》《梁状元不服老》《僧尼共犯》等。

● 1581 年，意大利耶稣会士利玛窦来华传教。

实行"一条鞭法"。

张居正进《列朝宝训实录》。

1582 年，明朝和葡萄牙签订租界条约，葡萄牙以每年五百两白银租金租借澳门。

张居正（1525—1582）卒。有《张太岳集》《书经直解》《帝鉴图说》《张文忠公全集》等。

吴承恩（约 1500—约 1582）约卒于此年。有《西游记》《射阳先生存稿》等。●

1583 年，努尔哈赤起兵，开始统一女真的战争。

魏良辅约卒于此年后不久，生卒年不详。昆山腔"水磨调"创始人，被奉为"昆曲之祖"，有"曲圣"之称。著《曲律》（一名《南词引正》）。

王畿（1498—1583）卒。为王门七派中"浙中派"创始人。著有《龙溪全集》。

金銮（1494—1583）卒。有《徙倚轩集》《萧爽斋乐府》。●

● 1584 年，利玛窦于肇庆以西法绘制《山海舆地图》，为中国人始见世界地图。●

●1585年，范钦（1506—1585）卒。与张时彻、屠大山称为"东海三司马"，中国现存最古老的藏书楼——天一阁的主人。著有《天一阁集》《四明范氏书目》《烟霞小说》《抚掌录》《奏议》《明文臣爵谥》《古今谚》等。

● 1586 年，梅鼎祚以其传奇《玉合记》示汤显祖，汤显祖为之题词。

● 1587 年，利玛窦至南京。

汤显祖《紫钗记》约成于本年前后。

1588 年，努尔哈赤统一建州五部（苏克苏护河、浑河、完颜、董鄂、哲陈）。

张元忭（1538—1588）卒。著有《云门志略》《翰林诸书选粹》《不二斋文选》等。

罗汝芳（1515—1588）卒。"泰州学派"的代表人物。被誉为明末清初黄宗羲等启蒙思想家的先驱。有《近溪子文集》等。

徐渭《四声猿》有刊本流行。●

● 1590 年，李贽本年刊行《焚书》。

吴承恩《射阳先生存稿》刊行于世。

项元汴（1525—1590）卒。明代著名收藏家、鉴赏家。其藏书楼为"天籁阁"。有《墨林山人诗集》《蕉窗九录》等。

王世贞（1526—1590）卒。"后七子"之一，提出"文必西汉，诗必盛唐"。有《弇州山人四部稿》《续稿》《艺苑卮言》《弇山堂别集》《嘉靖以来首辅传》《觚不觚录》等。

● 1591 年，晋努尔哈赤为都督，封"龙虎将军"。

《英烈传》最早刻本《新镌龙兴名世录皇明开运英武传》刊行。

梁辰鱼（1519—1591）卒。有《红线女》《浣纱记》《江东白苎》等。

1592 年，程大位完成珠算著作《算法统宗》。

邓元锡（1529—1593）卒。与吴与弼、刘元卿、章潢合称为"江右四君子"。著有《明书》《函史》《三礼编绎》《邓潜谷集》等。

金陵世德堂刊刻《新刻出像官板大字西游记》，为现存百回本《西游记》的最早刻本。●

1592—1598 年，明军援朝抗倭。●

1593 年，徐渭（1521—1593）卒。与解缙、杨慎并称"明朝三才子"。有《徐文长三集》《徐文长逸稿》《徐文长佚草》《四声猿》《南词叙录》。●

1594 年，"国本"之争日炽，顾宪成革职，与高攀龙、钱一本等人于无锡东林书院聚众讲学、议论朝政，得到朝中士大夫赵南星等人的支持，人称"东林党"。

焦竑始撰《国史经籍志》。●

● 1595 年，黄河自金代明昌五年（1194）分二道入海。1492 年整治黄河，至此黄河始一，由南道（经淮安东北）入海。

陈继儒辑《宝颜堂秘籍》付刊。

● 1596 年，李时珍《本草纲目》刊刻问世。

袁宏道在致董其昌的信中，首次提及《金瓶梅》，并给予高度赞誉。

焦竑刻所辑《中原文献》。

陈于陛（1543—1596）卒。当时与其弟陈于阶有"一门双进士""弟兄二难"之称。著有《万卷楼稿》等。

耿定向（约 1524—1597）卒。著有《冰玉堂语录》《天台文集》等。

● 1597 年，罗懋登成《三宝太监西洋记通俗演义》。

1598 年，明朝水师大将邓子龙与朝鲜水师大将李舜臣联合于海上击败日军。

西班牙人入侵广东。

汤显祖成《牡丹亭》（《还魂记》）。●

1599 年，努尔哈赤命额尔德尼、噶盖以蒙文为基础创制满文，征服哈达等部。●

1599 年，吕天成著成《神女记》《戒珠记》《金合记》。

李贽《藏书》刊行。●

● 1600 年，汤显祖成《南柯记》。

薛论道（约 1531—约 1600）约卒于此年。有《林石逸兴》等。

● 1600 年，袁宗道（1560—1600）卒。"公安派"的发起者和领袖之一，与弟袁宏道、袁中道并称"公安三袁"。有《白苏斋类集》等。

● 1600 年前后，烟草传入中国。

● 17 世纪初，茶叶始输入欧洲。

● 1601 年，苏州织工在葛贤带领下，掀起抗税斗争。

利玛窦献自鸣钟、《坤舆万国传教图》，获准留居北京传教。

荷兰舰炮首次开到广州。

汤显祖成《邯郸记》。

茅坤（1512—1601）卒。著有《白华楼藏稿》《玉芝山房稿》《茅鹿门先生文集》，编有《唐宋八大家文钞》等。

1602 年，李贽（1527—1602）被害。有《焚书》《续焚书》《藏书》《续藏书》等，曾评点《水浒传》《西厢记》等。

胡应麟（1551—1602）卒。有《四部正讹》《少室山房类稿》《诗薮》《少室山房笔丛》《史书占毕》等。●

● 1603 年，努尔哈赤由呼兰哈达南冈移居赫图阿拉（今辽宁新宾西老城）。

西班牙殖民者于吕宋屠杀华侨两万五千人。

● 1603 年，徐光启加入天主教。

高濂（约 1527—约 1603）约卒于此年。有《玉簪记》《节孝记》《雅尚斋诗草》《芳芷楼词》《遵生八笺》等。

● 1604 年，荷兰人抵澎湖。

● 1604 年，冯梦龙在沈德符处得见抄本《金瓶梅》。

许孚远（1535—1604）卒。著有《论学书》《原学篇》《论语述》《敬和堂集》《大学述》《中庸述》等。

● 1610 年，李之藻参用西洋历法以修历，西历用于中国自此始。

《金瓶梅》刊刻，署名"兰陵笑笑生"。

徐复祚成《红梨记》。

王骥德成《曲律》。吕天成《曲品》定稿。

容与堂刊《李卓吾先生批评忠义水浒传》。

沈璟（1553—1610）卒。有"属玉堂传奇"七种：《红蕖记》《双鱼记》《桃符记》《一种情》（即《坠钗记》）《埋剑记》《义侠记》《博笑记》。

袁宏道（1568—1610）卒。"公安派"领袖，"公安三袁"之一，作品世称"公安体"。有《觞政》《袁中郎集》等。

● 1611 年，钟惺在成都，作《浣花溪记》。

陈与郊（1544—1611）卒。有《隅园集》等。

1612 年，传教士熊三拔水利工程学著作《泰西水利》刊出，徐光启《农政全书》多所取资。

顾宪成（1550—1612）卒。东林党领袖，与赵南星、邹元标号为"三君"，"东林八君子"之一。有《顾端文遗书》《小心斋札记》等。●

1613 年，努尔哈赤灭乌喇部。

李之藻编译成《同文算指》，为首部介绍欧洲笔算的著作。李之藻推荐庞迪我、熊三拔等传教士参与新历法的修订。●

1614 年，李之藻译《圜容较义》，专论圆内切与外切。

钟惺、谭元春选定《古诗归》《唐诗归》。

钟惺《隐秀轩集》刻于南京。

袁中道刻所著《珂雪斋近集》。

袁无涯于本年刊刻一百二十回本《水浒传》。●

● 1615 年，努尔哈赤将原建四旗扩为八旗，满洲八旗制度建立。

王圻（1530—1615）卒。著有《洪洲类稿》《三才图会》《两浙盐志》《续文献通考》《谥法通考》等。

方学渐（1540—1615）卒。"桐城学术"领头人，东林党魁。著有《迩训》《桐彝》《心学宗》等。

梅鼎祚（1549—1615）卒。有《玉合记》《长命缕》《昆仑奴》《鹿裘石室集》《青泥莲花记》《历代文纪》《汉魏八代史乘》等。

● 1616 年，爱新觉罗·努尔哈赤（1559—1626）在赫图阿拉称"大汗"，建立政权，定国号为"大金"，史称"后金"。

● 1616 年，"南京教案"发生。

朱之蕃刻所辑《明百家诗选》。

汤显祖（1550—1616）卒。其《还魂记》（一名《牡丹亭》）《紫钗记》《南柯记》《邯郸记》合称"临川四梦"（又称"玉茗堂四梦"），有诗文集《红泉逸草》《问棘邮草》《玉茗堂集》等。

● 1617 年，张燮著成《东西洋考》，记东南亚诸国历史。

顾起元著《客座赘语》。

华淑刊《闲情小品》二十九种。

现存最早的《金瓶梅》刻本《新刻金瓶梅词话》刊行。

陈第（1541—1617）卒。为学强调音韵训诂及文献考证。著有《毛诗古音考》《屈宋古音义》等。

● 1618 年，努尔哈赤以"七大恨"誓师反明。

顾起元自定《嫩真草堂集》，作《重修浦口城记》。

传教士熊三拔著《药露说》，介绍西洋提炼药品之法。

吕天成（1580—1618）卒。有《曲品》《烟鬟阁传奇》等。

吕坤（1536—1618）卒。有《呻吟语》《去伪斋文集》等。

1619 年，明、后金"萨尔浒之战"。●

1619 年，徐光启撰《农政全书》初稿成，后续有修订。

沈德符作《万历野获编》续编。

臧懋循改订刊行汤显祖《玉茗堂传奇》。

凌濛初约于本年前后作《绝交举子书》，有《杼山赋》《戴山记》《戴山诗》。

现存最早的《隋唐两朝志传》刻本刊行。●

1620	1625	1630

● 1620 年，后金征朝鲜。英船"育尼康号"抵达澳门，为英船来华之始。

明"红丸案"起。

● 1620 年，吴炳作成《西园记》。

茅元仪撰成《武备志》。

焦竑（1540—1620）卒。有《国朝献徵录》《国史经籍志》《澹园集》《焦氏类林》《老子翼》《庄子翼》等。

臧懋循（1550—1620）卒。编《元曲选》一百卷，有诗文集《负苞堂稿》。

● 1621 年，后金下辽阳，辽东各地大小城池尽入后金手中，"官民皆剃发降"。

荷兰东印度公司成立。

荷兰人强占澎湖。

● 1621 年，张铨卒，著有《国史纪闻》等。

冯梦龙编纂的《古今小说》（即《喻世明言》）约于本年前后刊行。

许仲琳、李云翔约于天启年间编成《封神演义》。

1622 年，山东徐鸿儒白莲教起义。

荷兰殖民者侵澳门。

德国耶稣会士汤若望来华。

明熹宗派人至澳门请耶稣会士陆若汉等至京，铸西洋大炮。●

● 1625 年，颁示东林党人榜于天下。

● 1626 年，"宁远之战"，努尔哈赤死，皇太极继位。

《三朝要典》成。

法国传教士金尼阁将《五经》译成拉丁文，撰成《西儒耳目资》，用罗马字母为汉字标音。

冯梦龙刊行《警世通言》。

袁中道（1570—1626）卒。"公安派"领袖之一，"公安三袁"之一。有《珂雪斋近集》《珂雪斋前集》《珂雪斋外集》等。

1627 年，朝鲜与后金约和，定"江都之盟"。

魏忠贤自缢死。

汤若望著成《远镜图说》，为光学传入中国之始。

冯梦龙刊行《醒世恒言》，编散曲集《太霞新奏》。●

1628 年，明朝发生全国性大灾荒，陕西爆发高迎祥领导的农民起义。

尚友堂刊刻凌濛初作《拍案惊奇》。

冯梦龙约于崇祯年间增补修订成《新列国志》《平妖传》等。●

1629 年，后金设文馆，掌翻译汉文书籍和记载本朝政事。初考选儒生，取二百人。

张溥等人结"复社"，世称"小东林"。陈子龙等人结"几社"。●

● 1630 年，杀袁崇焕。李自成、张献忠参加明末农民起义。

毛晋编刊《宋名家词》。

陆人龙成《辽海丹忠录》。

齐东野人编成《隋炀帝艳史》。《梼杌闲评》《魏忠贤小说斥奸书》等描绘魏忠贤祸国专权的小说约成于此年前后。

徐复祚（1560—约1630）约卒于此年。有《红梨记》《一文钱》《三家村老委谈》《南北词广韵选》等。

● 1631 年，后金"大凌河之役"取胜，清太宗令"归降将士等剃发"。

● 1631 年，西洋历局传教士译出《割圆八线法》（介绍平面三角学）及《大测》（介绍球面三角学）。

《明理探》刻成，该书原名《亚里斯多德辩证法概论》，为中国最早介绍传统逻辑学之书。

陈继儒与人合编《古今韵史》。题"齐东野人"的《隋炀帝艳史》人瑞堂本刊行。

1620	1625	1630

中华文化年表

● 1632 年，后金定仪仗制。
达海增改满文十二字头加以圈点。
后金征服蒙古察哈尔部。
荷兰人筑城澎湖。
小麦育种移栽技术、育种施肥技术及太湖流域"桑基鱼塘"已在此前出现。
凌濛初刊所著《二刻拍案惊奇》。
许学夷编成《诗源辨体》。
陆人龙的《型世言》约刊于此年。

　● 1633 年，后金陷旅顺，兵略山海关。
　袁于令刊《隋史遗文》。
　吴炳著成戏剧《绿牡丹》。
　徐光启(1562—1633)卒。著有《几何原本》《农政全书》《崇祯历书》《考工记解》等。

　　1634 年，后金改沈阳为盛京。●

●1635年，后金设蒙古八旗。

　●1636年，后金改文馆为内国史、内秘书、内弘文三院。
　高迎祥在陕西被俘，押往京师，被害。李自成继为"闯王"。
　皇太极(1592—1643)在沈阳称帝，改国号为"大清"。清《太祖实录》成。
　董其昌(1555—1636)卒。以佛家禅宗喻画，倡"南北宗论"，为"华亭画派"杰出代表。书法出入晋唐，自成一格。存世作品有《岩居图》《秋兴八景图册》《昼锦堂图》《白居易琵琶行》《草书诗册》《烟江叠嶂图跋》等。著有《画禅室随笔》《容台文集》《戏鸿堂帖》(刻帖)等。
　●1636—1641年，"松锦之战"，明朝在关外的辽东地区基本沦陷于大清之手。
　1637年，清颁满洲、蒙古、汉字历。
　宋应星《天工开物》刊刻行世。
　谭元春(1586—1637)卒。与钟惺同为"竟陵派"创始人。有《谭友夏合集》等
　范文若(1590—1637)卒。有"博山堂三种"(《鸳鸯棒》《花筵帘》《梦花酣》)及《博山堂乐府》。●

● 1638 年，陈子龙、徐孚远、宋徵璧等辑成《皇明经世文编》。
毛晋编刊《元人十种诗》。
孟称舜成传奇《娇红记》。

　● 1639 年，清编定汉军镶黄、镶白、镶红、正蓝四旗。
　冯舒撰成《浮海集》。
　张道浚校刊《西厢记》，陈洪绶作插图。
　陈继儒(1558—1639)卒。刻《晚香堂帖》，有《陈眉公全集》《宝颜堂秘籍》等。

1640	1643	1645

● 1640 年，董说《西游补》约作于此年。陈子龙作《台宁行记》。侯方域作《野田黄雀行》。

　● 1641 年，张溥编《七录斋近集》。

金圣叹批改《水浒传》成，题"第五才子书施耐庵《水浒传》"。

徐霞客（1587—1641）卒。有《徐霞客游记》。

张　溥（1602—1641）卒。著《七录斋诗文合集》《宋史纪事本末》《元史纪事本末》，辑有《汉魏六朝百三名家集》《周易注疏大全合纂》等。

1642 年，五世达赖推翻藏巴汗，形成三大领主的对藏统治。

董说《七国考》成书。

崇祯帝朱由检下令严禁《水浒传》。

方以智《通雅》成书。

胡震亨（1569—1642）约卒于此年。辑《唐音统签》，著《赤城山人稿》等。

沈　德　符（1578—1642）卒。有《万历野获编》《清权堂集》等。●

● 1643 年，李自成改襄阳为"襄京"，破西安，改名"长安"，号"西京"。张献忠克武昌，改为"天授府"，称"大西王"。

皇太极死，六岁的福临继位，多尔衮、济尔哈朗辅政。

● 1643 年，李玉传奇《一捧雪》在苏州演出。

冯班自定散曲集《钝吟乐府》。

瞿式耜于本年刊刻《初学集》。

陈子龙、李雯、宋徵舆选编《皇明诗选》刊成。

1644 年，李自成大顺军入京师，崇祯帝自缢于煤山，明亡。清兵入关，入据北京，颁"剃发令"。李自成败走。

马士英、史可法拥立明宗室朱由崧在南京称帝，年号"弘光"。●

　1644 年，凌濛初（1580—1644）卒。著《初刻拍案惊奇》和《二刻拍案惊奇》，与冯梦龙《喻世明言》《警世通言》《醒世恒言》合称"三言二拍"。

侯方域作《李姬传》记李香君。夏完淳辑所作诗为《玉樊堂集》。

明朝末年，辣椒传入中国。●

● 1645 年，清颁圈地令，多尔衮再次下"剃发令"，颁"易服令"。李自成战死。

清军占扬州，屠城，史可法遇害，史称"扬州十日"。

清军占南京，弘光政权覆灭。

清军屠嘉定、江阴。

清以汤若望订定《西洋新法历书》称《时宪历》颁行天下，以汤若望为钦天监正。

设明史馆，议定纂修体例。

西藏"班禅"称号始见诸史册。

清命是年后出生女子禁止裹足。

● 1645 年，顾炎武作《金陵杂诗》《京阙篇》。

冯梦龙辑《中兴伟略》，刻所著《甲申纪事》。

祁彪佳（1602—1645）卒。有《远山堂曲品》《远山堂剧品》《全节记》《越中园亭记》《祁忠惠公遗集》等。

刘宗周（1578—1645）卒。创"慎独"说，开"蕺山学派"，清初大儒黄宗羲、陈确、张履祥等均为其传人。有《刘蕺山集》《刘子全书》《周易古文钞》《论语学案》等。

1640	1643	1645

● 1646年，清始举行会试、殿试。编造《赋役全书》。颁行《大清律》。定"逃人法"。

波兰传教士穆尼阁与薛凤祚合译出《天步真原》，介绍对数计算方法。

● 1646年，黄道周（1585—1646）卒。明末学者、书画家、文学家、儒学大师。著有《儒行集传》《石斋集》《易象正义》《春秋揆》《孝经集传》等。

冯梦龙（1574—1646）卒。有"三言"（《警世通言》《醒世恒言》《喻世明言》）《三遂平妖传》《东周列国志》《挂枝儿》《山歌》《太霞新奏》等。

王思任（1574—1646）卒。有《王季重十种》《谑庵文饭小品》等。

阮大铖（1587—1646）卒。有《咏怀堂全集》及"石巢四种"（《春灯谜》《燕子笺》《双金榜》《牟尼合》）。

1647年，《大清律》修成。定官民服饰制。广州剃发易服令。●

1647年，陈子龙（1608—1647）卒。被誉为"明诗殿军""明代第一词人"，"清词中兴"的开创者。著有《陈忠裕公全集》，编有《皇明经世文编》。

夏完淳（1631—1647）卒。有《南冠草》《续幸存录》等。

曹学佺（1574—1647）卒。著有《石仓全集》《蜀中广记》，编有《石仓十二代诗选》《石仓历代文选》。●

● 1648年，清设六部汉尚书及都察院左都御史。

令京城汉族官民，除投充人外，尽徙南城。

许满汉通婚。

清修《明史》。

定《大清律集解附例》，颁行全国。

● 1648年，吴炳（1595—1648）卒。有"粲花别墅五种"（《西园记》《绿牡丹》《画中人》《疗妒羹》《情邮记》）。

1649年，清禁诸王及满汉大臣干预各衙门政事。

桂王封郑成功为"延平公"。

俄国人窃占雅克萨。

清设奉天昂邦章京，后改盛京将军。

清始开捐监例。●

1649年，艾儒略（1582—1649）卒。意大利耶稣会传教士，学识渊博，且通汉学，有"西来孔子"之称。1623年所著《职方外纪》一书是继利玛窦《坤舆万国全图》之后详细介绍世界地理的中文文献。著有《耶稣传》《西方答问》《性学粗述》《职方外纪》《乾舆图记》《几何要法》《熙朝崇正集》《三山论学记》《口铎日钞》《西学凡》《万物真原》等。●

● 1650年，清刊满文《三国演义》。汤若望建北京首座天主教堂。

1651年，福临亲政，正白旗改属皇帝，加上原领的两黄旗，称"上三旗"，余为"下五旗"。

阿济格、多尔衮被削爵、籍没。

清定顺天乡试，分满、汉两榜。

改建紫禁城正门承天门，名"天安门"。●

1651年，吴伟业作《芦洲行》《捉船行》《马草行》。●

● 1652 年，陈洪绶（1599—1652）卒。明末清初著名书画家、诗人，与顺天崔子忠齐名，号称"南陈北崔"。作品《九歌图》（含《屈子行吟图》）《《西厢记》插图》《水浒叶子》《博古叶子》等版刻传世。有《宝纶堂集》。

王铎（1592—1652）卒。书法与董其昌齐名，有"南董北王"之称。作品有《拟山园帖》《琅华馆帖》等，绘画作品有《雪景竹石图》等。

● 1652 年，清禁"淫祠小说"，封关羽为"忠义神武关圣大帝"。清顺治帝视国子监孔庙，拜祭孔子，行两跪六叩礼。

西藏五世达赖入京，顺治帝赐予"达赖喇嘛"称号。

● 1653 年，清严行连坐法。于八旗各设宗学。
清设宁古塔将军。
荷兰人谋入广东通商，为葡萄牙人所阻。
清赐汤若望"通玄教师"称号。
吴伟业著《秣陵春》。

1654 年，清行编审户口法。●

1654 年，李玉著《眉山秀》《万里圆》，又与朱素臣合著《一品爵》《埋轮亭》。

● 1655 年，清立铁牌于十三衙门，禁宦官干政。
顺治帝下令沿海各省"无许片帆入海"。
颁满文《大清律》。
沙俄遣使至京，为俄使清之始。

● 1655 年，李渔作《玉搔头》。
孟称舜（约1600—1655）卒。有《娇红记》《桃花人面》等。
侯方域（1618—1655）卒。与方以智、陈贞慧、冒襄并称"复社四公子"，与魏禧、汪琬并称为"清初散文三大家"，复社领袖。有《壮悔堂文集》《四忆堂诗集》《李姬传》等。
僧智旭（1599—1655）卒。"明末佛教四大家"之一，主张禅、教、律三学合一。著有《灵峰宗论》《释宗论》《宗经论》等。

1656 年，清命编《通鉴全书》，颁布《赋役全书》，禁白莲教、闻香教。
李定国鉴于清兵南下，迎永历帝往云南。●

1656 年，金圣叹批《西厢记》。
邓汉仪编《过岭集》。
陈贞慧（1604—1656）卒。有《陈定生杂著三种》。
沈国谟（1575—1656）卒。理学家，创"姚江书院"。●

● 1657 年，清禁投拜门生。顺治帝首次举行经筵。
京师科场狱起。
俄国人筑尼布楚城。

● 1657 年，李渔自此年始侨居金陵，以"芥子园"名经营刻书业。丁耀亢据杨继盛事作传奇《蚺蛇胆》。汪琬录早年所作诗为《玉遮山人诗稿》。陈瑚作《娄江集》。谈迁（1594—1657）卒。著有《国榷》《枣林集》《枣林杂俎》《北游录》《西游录》等。

● 1658 年，清改内三院大学士为殿阁大学士。桂王封郑成功为"延平郡王"。
诏临济宗名僧玉林通琇入京。授汤若望光禄大夫，赏其三代一品封典。

● 1658 年，谷应泰著《明史纪事本末》刊行。
卢元昌刻所编《唐宋八大家文选》。
胡震亨《唐音癸签》刊行。
李渔著小说《十二楼》成，杜濬为之加评。

1659 年，清封三藩。
比利时传教士来华。
永历帝逃往缅甸。●

1659 年，毛晋（1599—1659）卒。建汲古阁、目耕楼以储书，校刊《十三经》《十七史》《津逮秘书》等，有《隐湖题跋》《毛诗陆疏广要》等。●

● 1660 年，清严禁士子结社订盟。王士祯、邹祗谟合辑《倚声初集》刊行。

1661 年，顺治帝死，八岁的玄烨继位。

"奏销案"发。

罢十三衙门，仍设内务府。

清朝强行将江、浙、闽、粤、鲁等省沿海居民分别内迁三十至五十里，设界防守，严谨逾越。●

● 1661 年，李渔作《比目鱼》。

邹式金编成《杂剧新编》，吴伟业为其作序。

《醒世姻缘传》成书。

丁耀亢《续金瓶梅》刊行。

金圣叹（1608—1661）卒。批注"六才子书"（《离骚》《庄子》《史记》《杜诗》《水浒》《西厢》），腰斩《水浒》，有《沉吟楼诗选》等。

● 1662 年，庄廷钺"《明史》案"起。周亮工以赖古堂名义刻所编《尺牍新钞》。

龚贤辑《中晚唐诗纪》。

● 1662 年，郑成功驱除荷兰殖民者，收复台湾。

郑成功（1624—1662）逝世于台湾。南明永历帝被吴三桂绞杀于昆明，南明灭亡。李定国病故于勐腊。

● 1662—1664 年，清军攻灭活动于川、楚边界以李自成余部李来亨等为主的"夔东十三家军"。

● 1663 年，定乡试、会试停用制义，改试策论。

曹玺始任江宁织造，世袭三代共六十年。

● 1663 年，黄宗羲成《明夷待访录》。

尤侗作杂剧《桃花源》。

1664 年，废《时宪历》，复用《大统历》。●

1664 年，陈忱著《水浒后传》刊行。

钱谦益（1582—1664）卒。"虞山诗派"的开创者，与吴伟业、龚鼎孳并称"江左三大家"。著有《初学集》《有学集》《投笔集》，编有《列朝诗集》。

张煌言（1620—1664）卒。有《张苍水集》等。

僧弘仁（1610—1664）卒。善绘山水、竹、梅，与查士标、孙逸、汪之端并称"新安四大家"。

● 1665 年，王夫之成《读四书大全说》。

● 1666 年，陈瑚著《山陵集》。

顾祖禹初刻《二十一史方舆纪要》。

李渔传奇《凤求凰》在山西平阳上演。

汤若望（1592—1666）卒。神圣罗马帝国的耶稣会传教士。著有《古今交食考》《浑天仪说》《西洋测日历》《远镜说》等。

● 1667 年，沈天甫逆诗狱起。玄烨亲政。诏修《世祖实录》。弛禁妇女裹脚。颁《中和韶乐》于太学。

● 1667 年，李渔作传奇《慎鸾交》。汪耀麟、汪懋麟合撰《南徐倡和集》。

王锡阐纂《丁未历稿》。

陈维崧作新乐府《开河》。

孙默刊《六家诗余》。

1668 年，冯班成《冯定远集》。

李渔作传奇《巧团圆》。

吴伟业自定《梅村集》。●

1669 年，康熙帝（1654—1722）开始真正亲政。●

1669 年，"同仁堂"在北京开业，为"中国四大药店"之一。

王士祯编所作诗为《渔洋诗集》。

吴乔纠钱谦益《列朝诗集》讹误撰《正钱录》。

丁耀亢（1599—1669）卒。有《丁野鹤遗稿》《续金瓶梅》《赤松游》等。●

● 1670 年，诏修《大清会典》。改内三院为内阁及翰林院，设中和、保和、文华三殿大学士。

英商始于厦门、台湾贸易。

● 1670 年，顾炎武初刻《日知录》。

徐石麒编成《坦庵订证词韵》。

魏禧作《大铁椎传》。

陈忱（1613—约 1670）约卒于此年。有《水浒后传》等。

柳敬亭（1587—约 1670）卒。善口技，明末清初著名说书人。

1671年，命撰《孝经衍义》。命修《太祖太宗圣训》。●

1671 年，李渔作《闲情偶寄》。

朱鹤龄编定《愚庵小集》刊行。

吴之振、吕留良等合选《宋诗钞》刊行。

余怀编《玉琴斋词》。

冯班（1602—1671）卒。有《钝吟全集》等。

方以智（1611—1671）卒。主张中西合璧，儒、释、道三教归一。著有《物理小识》《通雅》《药地炮庄》《切韵声原》《医学会通》《删补本草》等。

陈元赟（1587—1671）卒。武术家，万历末去日本，日本柔道受其拳法影响。●

● 1672 年，《世祖实录》成。

俄商队来华。

● 1672 年，"松竹斋"（后改名为"荣宝斋"）在北京开业。

查继佐编《明书》成，改名为《罪惟录》。

袁于令（1592—约 1672）约卒于此年。有《双莺传》《西楼记》《隋史遗文》等。

吴伟业（1609—1672）卒。有《绥寇纪略》，今人辑有《吴梅村全集》。

周亮工（1612—1672）卒。有《因树屋书影》《赖古堂集》《读画录》《印人传》等。

吴有性（1592—1672）卒。医学家。著有《瘟疫论》，提出疠气病因学说。

1673 年，康熙帝撤藩，"三藩之乱"起。●

1673 年，洪昇撰《长生殿》初稿，名《沉香亭》。

归庄（1613—1673）卒。与顾炎武相友善，有"归奇顾怪"之称。今人辑有《归庄集》。

龚鼎孳（1615—1673）卒。"江左三大家"（钱谦益、吴伟业、龚鼎孳）之一。有《定山堂全集》。

马骕（1596—1673）卒。时人称"马三代"。著有《左传事纬》《绎史》等。

宋琬（1614—1673）卒。有"一代诗宗""清八大诗家之一""国朝六大家之一"之誉，与施闰章齐名，有"南施北宋"之称，又与严沆、施闰章、丁澎等合称为"燕台七子"。有《安雅堂诗》《安雅堂文集》《二乡亭词》等。●

● 1674 年，京城搜捕杨起隆，杀吴三桂之子吴应熊。

清始开文官捐例。

● 1674 年，王士祯辑《感旧集》。

徐釚刻行《菊庄词》。

张履祥（1611—1674）卒。清初朱子学的倡导者。著有《经正录》《愿学记》《问目》《备忘录》《初学备忘》《训子语》《言行见闻录》《近鉴》《读易笔记》等。后人辑为《杨园先生全集》。

1675 年，清封李焞为朝鲜国王。英国人到厦门经商。●

1675 年，洪昇编成《啸月楼集》。

黄宗羲编成《明文案》，后广为《明文海》。

褚人获编订《隋唐演义》。

俞南史编《唐诗正》刊行。

黄周星作传奇《人天乐》。

阎尔梅著《白耷山人诗集》刊行。

孙奇逢（1584—1675）卒。明末清初理学大家，与李颙、黄宗羲合称"明末清初三大儒"。著有《理学宗传》《圣学录》《北学编》《洛学编》《四书近指》《读易大旨》《书经近指》等。●

| 1676 | 1678 | 1680 |

1676 年，纳兰性德作《金缕曲》。

黄宗羲成《明儒学案》。

王士禛等辑《古今词汇》。

曹贞吉刊《珂雪词》。

徐釚刊《棠村词》。

戴名世撰《左忠毅公传》。

汪琬《钝翁前后类稿》刊行。

查继佐（1601—1676）卒。有《罪惟录》《鲁春秋》《东山国语》《国寿录》等。

李玉（约1602—约1676）约卒于此年。有《一笠庵四种曲》（包括《一捧雪》《人兽关》《永团圆》《占花魁》）《清忠谱》《北调广正谱》等。

1677 年，纳兰性德与顾贞观合编《今词初集》。

孙默《十五家词》刊行，邓汉仪为之序。

陈确（1604—1677）卒。明末清初思想家。著有《大学辨》《葬书》《瞽言》及诗文集等，有《陈确集》。

王鉴（1598—1677）卒。明末清初画家，王世贞曾孙，与王时敏、王翚、王原祁并称"四王"，加上恽寿平、吴历，称为"清初六家"。代表作有《虞山十景图》《梦境图》《长松仙馆图》《仿巨然山水》《仿王蒙秋山图》等，著有《染香庵集》《染香庵画跋》等。●

1678 年，吴三桂于衡阳（今湖南衡阳）称帝，年号"昭武"。

姚启圣败郑经将领刘国轩，解泉州之围。

1678 年，景德镇御器场创素三色瓷器。

顾贞观、吴绮校刊纳兰性德《饮水词》于吴中。

朱彝尊著《蕃锦集》，辑《词综》。

张尔岐（1612—1678）卒。撰有《仪礼郑注句读》《周易说略》《老子说略》《蒿庵闲话》《天道论》《中庸论》《蒿庵集》等。

1679 年，清初开博学鸿儒科，黄宗羲、傅山、冒襄等拒不应诏。重开明史馆，纂修《明史》，以徐元文、张玉书为总裁，聘顾炎武、黄宗羲，皆不就。万斯同以布衣身份参史局。●

1679 年，洪昇修改《长生殿》初稿《沉香亭》，改名《舞霓裳》。

毛纶、毛宗岗修订《三国演义》六十卷一百二十回。

戴名世作《穷鬼传》。

阎尔梅（1603—1679）卒。有《白耷山人集》等。●

1680 年，清于山海关设关收税。

1680 年，黄宗羲编订《南雷文案》。

纳兰性德刊刻《通志堂经解》。

顾祖禹成《读史方舆纪要》。

薛凤祚（1628—1680）卒。著有《天步真原》《天学会通》《比例对数表》《历算会通》《圣学心传》《车马图考》《乾象类占》等。

顾祖禹（1624—1680）卒。曾参纂《清一统志》，著有《读史方舆纪要》等。

魏禧（1624—1680）卒。与侯朝宗、汪琬合称"明末清初散文三大家"，与兄魏祥、弟魏礼并称"三魏"。三魏兄弟与彭士望、林时益、李腾蛟、邱维屏、彭任、曾灿合称"易堂九子"。著有《左传经世》《兵谋》《兵法》《兵迹》《大铁椎传》《三魏全集》等。

王时敏（1592—1680）卒。开创山水画的"娄东派"，"四王"之一，"清六家"之一。代表作品有《仿山樵山水图》《层峦叠嶂图》等，著《西田集》《疑年录汇编》《西庐诗草》等。

黄周星（1611—1680）卒。有《夏为堂集》《九烟诗钞》《试官述怀》《惜花报》等。

李渔（1611—1680）卒。有《笠翁一家言》《笠翁十种曲》《十二楼》《无声戏》《闲情偶寄》，今人辑有《李渔全集》。

1681 年，陆陇其撰成《三鱼堂四书大全》初稿。

吴乔著《围炉诗话》。●

| 1676 | 1678 | 1680 |

● 1682年，封尚贞为琉球国王。重修《太祖高皇帝实录》，纂修《三朝圣训》及《平定三藩方略》。

清筑墨尔根、齐齐哈尔城。

● 1682年，龚翔麐刻《浙西六家词》。

顾炎武（1613—1682）卒。与黄宗羲、王夫之并称"明末清初三大启蒙思想家"。有《日知录》《天下郡国利病书》《肇域志》《音学五书》《顾亭林诗文集》等。

陈维崧（1625—1682）卒。"阳羡词派"领袖，与吴兆骞、彭师度同被吴伟业誉为"江左三凤"，与吴绮、章藻功称"骈体三家"。有《湖海楼全集》等。

1683年，清封黎维禛为安南王。

设汉军火器营。

郑克爽降，清朝统一台湾。

设黑龙江将军，驻黑龙江城（今黑龙江黑河南老城）。●

1683年，徐釚辑《续本事诗》刊行。

王晫《今世说》刊行。

万树编定《词律》。

蒋景祁编词集《瑶华集》刊行。

施闰章（1618—1683）卒。与宋琬时称"南施北宋"。有《学余堂诗集》《学余堂文集》等。

吕留良（1629—1683）卒。著有《吕晚村先生文集》《东庄吟稿》，辑有《宋诗钞》。

万斯大（1633—1683）卒。经学家，"浙东学派"的代表人物。著有《学礼质疑》《学礼偶笺》《仪礼商》《庙寝图》《庙寝图说》《周官辨非》《学春秋随笔》等。●

● 1684年，用施琅议，清朝设立台湾府，隶属福建省，并废"迁海令"。

黑龙江将军萨布素与俄军战于雅克萨。

诏仿《明会典》，纂修《大清会典》。

康熙首次南巡，至曲阜孔庙拜祭，行三拜九叩礼，题"万世师表"匾额。

● 1684年，吴兆骞（1631—1684）卒。诗人，"江左三凤"之一。著有《秋笳集》。

傅山（1607—1684）卒。与顾炎武、黄宗羲、王夫之、李颙、颜元一起被梁启超称为"清初六大师"。有《霜红龛集》《傅青主女科》《荀子评注》等。

1685年，诏修《赋役全书》，命设局修《一统志》。

雅克萨之战，清军击败沙俄入侵者。

英人于广州设商馆正式对华通商。●

1685年，王夫之作《楚辞通释》。

徐乾学等奉命编注《古文渊鉴》。

纳兰性德（1655—1685）卒。清代词人第一。主持编纂儒学汇编《通志堂经解》，著有《饮水词》《通志堂集》。●

● 1686年，修《太祖高皇帝实录》及《宝训》成。《开国方略》撰成。

● 1686年，魏裔介（1616—1686）卒。有"乌头宰相"之称。著有《兼济堂文集》。

叶燮《原诗》刊行。

● 1687年，清禁"淫词小说"。康熙赐白鹿洞书院"学达天下"匾额，御制《孔子赞序》《颜曾思孟四赞》。

● 1687年，杜濬（1611—1687）卒。有《变雅堂诗集》《变雅堂遗集》等。

顾景星（1621—1687）卒。文学家。有《白茅堂集》《南渡来耕集》《读史集论》等。

汤斌（1627—1687）卒。政治家、理学家、书法家。著有《潜庵语录》《潜庵文钞》《春秋增注》《洛学篇》等。

魏象枢（1617—1687）卒。著有《儒宗录》《寒松堂全集》等。

1688	1689	1690

1688

● 1688 年，王宏翰著《医学原始》。禁妇女从夫死。

徐釚刊刻所著《词苑丛谈》。

洪昇《长生殿》定稿。

王士禛辑录《唐贤三昧集》。

蒲松龄《聊斋志异》初稿成。

宋荦刊刻《十名家词钞》。

毛先舒（1620—1688）卒。"西泠十子"之一，与毛奇龄、毛际可时称"浙中三毛，文中三豪"。有《东苑文钞》《东苑诗钞》《思古堂集》《南曲正韵》等。

南怀仁（1623—1688）卒。比利时耶稣会传教士。著有《康熙永年历法》《坤舆图说》《坤舆全图》《西方要记》《妄推吉凶之辨》《妄占辨》等。

陈潢（1637—1688）卒。著有《河防述言》《河防摘要》《天一遗书》等。

1689

● 1689 年，康熙第二次南巡。中俄签订《中俄尼布楚条约》。

● 1689 年，洪昇招伶人演《长生殿》，获罪，被革去国子监生籍，观戏者赵执信、查慎行亦获罪。

陈维崧刊行《迦陵词》。

张岱（1597—1689）卒。文学家、史学家。有《陶庵梦忆》《西湖梦寻》《夜航船》《琅嬛文集》《石匮书》等。

吴任臣（1628—1689）卒。历史学家、藏书家，与吴农祥齐名，武林称"二吴"。著有《周礼大义》《字汇补》《春秋正朔考辨》《礼通》《托园诗文集》《山海经广注》《十国春秋》等。

龚贤（1618—1689）卒。明末清初著名画家，与樊圻、高岑、邹喆、吴宏、叶欣、胡慥、谢荪并称"金陵八家"，与吕潜并称"天下二半"。著有《画诀》《柴丈人画稿》《龚半千课徒画说》《诗遇》《半亩园诗草》《半亩园尺牍》《草香堂集》《中晚唐诗纪》等，代表作品有《深山飞瀑图》《急峡风帆图》《木叶丹黄图》《重山烟树图》《溪山人家图》《云林西园图》等。

1690

● 1690 年，《大清会典》（《康熙会典》）成。

清朝与准噶尔噶尔丹在萨里克河边的乌兰布通大战，击败噶尔丹。

● 1690 年，王夫之编定《夕堂永日绪论》内外篇。

钱澄之刊刻《田间诗集》《田间文集》。

恽寿平（1633—1690）卒。书画家，常州画派的开山祖师，与王时敏、王鉴、王翚、王原祁、吴历合称"清六家"，诗、书、画有"南田三绝"之誉。著有《瓯香馆集》等。

谷应泰（1620—1690）卒。被称为"清代文苑第一人"。著有《筑益堂集》《明史纪事本末》等。

● 1690—1697 年，清朝平定准噶尔汗噶尔丹叛乱。

1691 年，《通鉴纲目》满文译本编成。

康熙于多伦诺尔大会喀尔喀蒙古诸部，始有内、外蒙古之称。对喀尔喀蒙古实行盟旗制度，正式从属于中央政府。

康熙将京城内外步军通归步军统领，始有"九门提督"之称。●

1691 年，王士禛著《池北偶谈》。

汪琬（1624—1691）卒。与侯方域、魏禧，合称"清初三大家"。有《尧峰文钞》《钝翁类稿》。●

1688	1689	1690

● 1692年，王夫之（1619—1692）卒。明末清初思想家，著有《周易外传》《读通鉴论》《宋论》等，均存于《船山遗书》中。

顾祖禹（1631—1692）卒。著《读史方舆纪要》。魏禧以其书与梅文鼎《历算全书》、李清《南北史合钞》称"三大奇书"。

靳辅（1633—1692）卒。著有《治河方略》。

● 1693年，中俄订"北京通商条款"。因传教士白晋用金鸡纳霜治愈康熙之病，引起康熙对西医、西药的重视。

黄宗羲扩充《明文案》为《明文海》。

冒襄（1611—1693）卒。与方以智、陈贞慧和侯方域并称"明季四公子"。有《水绘园诗文集》《影梅庵忆语》《寒碧孤吟》等。

钱澄之（1612—1693）卒。与顾炎武、吴嘉纪并称"江南三大遗民诗人"。有《田间易学》《田间诗学》《藏山阁存稿》等。

陆陇其（1630—1692）卒。被清廷誉为"本朝理学儒臣第一"，与陆世仪并称"二陆"。著有《困勉录》《读书志疑》等。

雷发达（1619—1693）卒。是清初宫廷"样式房"掌案（总设计师），世称"样式雷"。雷氏掌管"存式"房长达二百余年。他们参与设计的建筑物除皇宫外，还有四园（圆明园、颐和园、静宜园、静明园）、三山、三海、二陵。

● 1695年，吴楚材、吴调侯所纂《古文观止》始刊行。

黄宗羲（1610—1695）卒。有《宋元学案》《明儒学案》《明夷待访录》《南雷文案》等，后人编有《黄梨洲文集》。

余怀（1616—约1695）约卒于此年。时与杜濬、白梦鼎称"余、杜、白"。有《板桥杂记》《五湖游稿》《甲申集》《玉琴斋词》等。

吴乔（1611—1695）卒。有《围炉诗话》等。

● 1696年，康熙亲征噶尔丹，于昭莫多（今蒙古乌兰巴托东南）大败噶尔丹。

● 1696年，屈大均（1630—1696）卒。与陈恭尹、梁佩兰并称"岭南三大家"。后人辑有《翁山诗外》《翁山文外》《翁山易外》《广东新语》《四朝成仁录》。

1697年，康熙再次亲征噶尔丹，噶尔丹自杀，朝廷将其地归属策妄阿拉布坦。

封仓央嘉措为达赖六世。

重申严禁溺女陋习。●

● 1698年，改无定河下游河道，更名"永定河"。

法国商船始来华。

● 1698年，朱用纯（1627—1698）卒。号柏庐，著有《治家格言》《愧讷集》《大学中庸讲义》等。

曹贞吉（1634—1698）卒。诗词家"金台十子"之一，与曹尔堪并称"南北二曹"。被誉为清初词坛上"最为大雅"的词家。有《珂雪诗》《珂雪词》《曹升阶全集》。

● 1699年，康熙第三次南巡。

皇宫中组成小型西洋乐队。

《钦定春秋传说汇纂》成。

● 1699年，孔尚任《桃花扇》成。

顾嗣立刊所撰《韩昌黎诗集注》。

● 1700 年，于成龙（1638—1700）卒。被康熙称为"今时清官第一"。敕令允祉、陈梦雷纂《汇编》（《古今图书集成》之初名）。

征田赋，行滚单法。

● 1700 年，张潮编订《虞初新志》。陈恭尹（1631—1700）卒。"岭南三大家"之一。又工书法，时称"清初广东第一隶书高手"。有《独漉堂集》。

● 1701 年，封河神为"显佑通济昭灵效顺金龙四大王"。

朝廷遣官赴喀尔喀蒙古，教授耕作技术。

● 1701 年，钱曾（1629—1701）卒。藏书家、版本学家，藏书室先后命名为"述古堂""也是园"。著有《述古堂书目》《也是园书目》《读书敏求记》等。

● 1702 年，清于广东设商馆。

1702 年，万斯同（1638—1702）卒。精史学，以布衣参与编修《明史》，《明史稿》五百卷，皆其手定。著有《历代史表》《纪元汇考》《儒林宗派》《群书辩疑》等。

1703 年，康熙第四次南巡。索额图被拘禁。

土尔扈特部降清。

始建避暑山庄。

彭定求奉旨纂辑《全唐诗》（康熙为序，故又称《钦定全唐诗》）。●

1703 年，叶燮（1627—1703）卒。诗论家，有《诗原》《己畦集》等。●

● 1704 年，侍卫拉锡奉旨探黄河河源，至星宿海（今青海境内黄河上源）而还。

始设天津总兵。

清朝颁布标准铁斛，统一全国量器。康熙帝命修《佩文韵府》。

● 1704 年，孔尚任《桃花扇》在苏州上演。

尤侗（1618—1704）卒。诗人、戏曲家，被顺治誉为"真才子"，康熙誉为"老名士"。参与修《明史》，有《钧天乐》《读离骚》《鹤栖堂文集》等。

阎若璩（1636—1704）卒。清代汉学（或考据学）发轫之初最重要的代表人物之一。有《古文尚书疏证》《潜邱札记》《困学记闻注》等。

洪昇（1645—1704）卒。戏曲大家，与《桃花扇》作者孔尚任并称"南洪北孔"。有《长生殿》《四婵娟》《稗畦集》《啸月楼集》《昉思词》等。

唐甄（1630—1704）卒。与吕潜、费密合称"清初蜀中三杰"，与王夫之、黄宗羲、顾炎武并称"明末清初四大著名启蒙思想家"。著有《潜书》等。

颜元（1635—1704）卒。思想家，"颜李学派"创始人。著有《四存编》《习斋记余》等。

● 1705 年，康熙第五次南巡。和硕特部拉藏汗废达赖六世，立伊喜加错为达赖六世，藏人谓其"假达赖"。

康熙帝指派曹寅在扬州设局编纂《全唐诗》。

命翰林院习外国文。

罗马教皇特使铎罗至北京。

● 1705 年，梁佩兰（1629—1705）卒。"岭南三大家""岭南七子"之一。有《六莹堂集》等。

廖燕（1644—1705）卒。有《二十七松堂集》。

朱耷（1626—约1705）卒。中国画一代宗师，与石涛、弘仁、髡残并称"清初四大高僧"。存世作品有《水木清华图》《荷花水鸟图》等。

李颙（1627—1705）卒。与黄宗羲、孙奇逢并称为"海内三大鸿儒"，与李柏、李因笃并称"关中三李"。著有《四书反身录》《二曲集》等。

1706 年，命各省建育婴园。于天津试开水田。

陈梦雷纂成《汇编》初稿，雍正时改称《古今图书集成》，卷帙改编成万卷。●

● 1707 年，康熙第六次南巡。时人张符骧作《竹西词》《后竹西词》讽之。

罗马教廷使者铎罗于南京宣布禁止天主教徒祭孔祀祖教令，被清廷拘，解往澳门拘禁。

● 1707 年，石涛（1642—1708）约卒于本年。"清初四大高僧"之一。存世作品有《石涛罗汉百开册页》《搜尽奇峰打草稿图》《山水清音图》《竹石图》等，著有《苦瓜和尚画语录》等。

● 1708 年，《平定朔漠方略》成。

废皇太子允礽。

《清文鉴》成。

● 1708 年，潘耒（1646—1708）卒。藏书室名"遂初堂""大雅堂"。参与纂修《明史》，主纂《食货志》。著有《类音》《遂初堂诗集》《文集》《别集》等。

1709 年，复立允礽为太子。

张英等奉旨撰成类书《渊鉴类函》。●

1709 年，朱彝尊（1629—1709）卒。诗与王士禛称"南北两大宗"（"南朱北王"）；作词风格清丽，为"浙西词派"的创始人，与陈维崧并称"朱陈"。有《经义考》《曝书亭集》《词综》《明诗综》等。

熊赐履（1635—1709）卒。以理学闻名。著有《学统》《学规》《道闲录》《经义斋集》等。●

1709—1774 年，修建圆明园。●

● 1710 年，姚继恒成《九经通论》。

封六世达赖喇嘛。

命陈廷敬等商酌编纂《字典》式例。

王源（1648—1710）卒。著有《兵法要略》《舆地指掌》《居业堂文集》等。

● 1711 年，"江南乡试科场案"，戴名世《南山集》案。

● 1711 年，郭元钎刊所辑《全金诗》。

邵廷采（1648—1711）卒。著有《思复堂文集》《姚江书院志略》《东南纪事》《西南纪事》等。

王士禛（1634—1711）卒。继钱谦益之后主盟诗坛，与朱彝尊并称"南朱北王"。诗论创"神韵"说。有《带经堂集》《渔洋诗话》《渔洋诗集》《渔洋山人精华录》《池北偶谈》《古夫于亭杂录》《香祖笔记》等。

● 1712 年，定"滋生人丁，永不加赋"。

命以朱熹配享孔庙，以范仲淹从祀。

李光地编《理性精文》。

再废太子允礽。

1713 年，朝廷封班禅呼图克图为"班禅额尔德尼"。

《历象考成》刊行。御纂《朱子全书》成。编修《御定数理精蕴》。●

1713 年，戴名世（1653—1713）因《南山集》以"大逆"罪被杀。著有《四书朱子大全》。

● 1714 年，康熙查禁淫词小说。

王鸿绪进《明史列传》。

官修《律历渊源》成。

清廷画家、意大利传教士郎世宁来华。

● 1714 年，顾贞观（1637—1714）卒。与朱彝尊、陈维崧并称"词家三绝"。又与纳兰性德、曹贞吉共享"京华三绝"之誉。有《弹指词》《积书岩集》等。

胡渭（1633—1714）卒。与阎若璩等帮助徐乾学修《大清一统志》，撰《易图明辨》《禹贡锥指》《洪范正论》《大学翼真》等。

● 1715 年，《御纂周易义》成。李光地奉敕编修《钦定音韵阐微》（雍正四年告成）。

● 1715 年，蒲松龄（1640—1715）卒。有《聊斋志异》《聊斋诗集》《聊斋文集》等。

王原祁（1642—1715）卒。与王时敏、王鉴、王翚并称"四王"，形成"娄东画派"。曾奉旨与孙岳颁、宋骏业等编《佩文斋书画谱》，主持绘《万寿盛典图》。画论有《雨窗漫笔》《麓台题画稿》。诗集有《罨画楼集》。

姚继恒（1647—1715）卒。著有《古今伪书考》《九经通论》《庸言录》等。

● 1716 年，张玉书、陈廷敬等编成《康熙字典》。

清朝试行丁银摊入地亩。1724 年，全面推行这一制度。

● 1716 年，毛奇龄（1623—1716）卒。参修《明史》，有《尚书古文冤词》《四书改错》《西河合集》《诗话》《词话》《大学知本图说》等。

● 1717 年，定商船出洋贸易法，禁南洋贸易。

再禁天主教，严查白莲教。

准噶尔部策妄阿拉布坦入西藏，杀拉藏汗，囚达赖。

● 1717 年，王翚（1632—1717）卒。"四王""清六家"之一，被视为清画坛正宗代表。主持绘制《康熙南巡图》。为"虞山画派"创始人。

1718 年，清军击败策妄阿拉布坦，年羹尧入藏。

1718 年，李光地（1642—1718）卒。著有《历象要义》《四书解》《性理精义》《榕村语录》《榕村全集》等。

孔尚任（1648—1718）卒。与洪昇并称"南洪北孔"。有《桃花扇》《石门山集》《湖海集》《长留集》《享金簿》《人瑞录》等。

吴历（1632—1718）卒。清初书画家，"清初六家"之一，天主教传教士。代表作品有《湖天春色图》《人物故事图》《山邨邨密图》等。著有《墨井诗钞》《三巴集》《桃溪集》《墨井画跋》。●

1719 年，《皇舆全览图》成。

禁止满人学汉人演唱。

册封格桑嘉措为达赖七世。●

● 1720 年，西藏平定。

罗马教皇格勒门十一世遣使来华，禁止中国教徒祀孔祭祖，康熙帝力加驳斥。

● 1721 年，始由海外输入洋米。

《钦定书经传说汇纂》《钦定诗经传说汇纂》成。

● 1721 年，嘉木样协巴（1648—1721）卒。藏传佛教格鲁派拉卜楞寺的创建者，拉卜楞寺的第一世活佛。著有《因明疏》《因明探讨》《俱舍论疏》《律经注》《佛历表》等。

梅文鼎（1633—1721）卒。为清代"历算第一名家"和"开山之祖"，被世界科技史界誉为与英国牛顿和日本关孝和齐名的"三大世界科学巨擘"。著有《方程论》《勾股举隅》，后人辑有《勿庵历算书目》《梅氏丛书辑要》。

1722 年，康熙举行第二次千叟宴。康熙帝去世。●

1722 年，何焯（1661—1722）卒。与笪重光、姜宸英、汪士铉并称为康熙年间"帖学四大家"。著有《诗古文集》《语古斋识小录》《道古录》《义门读书记》《义门先生文集》《义门题跋》等。●

● 1723 年，清世宗雍正帝胤禛（1678—1735）继位。确立秘密立储制度。设乡试翻译科。

青海罗卜藏丹津叛，以年羹尧为抚远大将军征讨。

《律历渊源》成。命纂修《大清律例》。

● 1723 年，《数理精蕴》刊行。

王鸿绪（1645—1723）卒。与张玉书等共主编纂《明史》，为《佩文韵府》修纂之一。聘万斯同居家共同核定自纂《明史稿》，得刊行。著有《横云山人集》等。

● 1724 年，命续修《大清会典》。

定翻译科考试规程。

创建南京钟山书院。

1725 年，杀年羹尧。

新修《大清律例》成。●

1725 年，沈德潜《古诗源》刊行。

张伯行（1651—1725）卒。著有《正谊堂集》《道统录》《伊洛渊源续录》《濂洛关闽书》《困学录集粹》《濂洛风雅》等。●

● 1726 年，查嗣庭"维民所止"文字狱起。

对西南少数民族地区全面推行"改土归流"。

定春秋二季皇帝亲祭孔子之制。

● 1727 年，中俄签订《恰克图条约》及《中俄布连斯奇条约》。

清朝正式设立驻藏大臣。

颁布《大清律集解》。《御纂孝经集注》成。

改曲阜"宣圣庙"为"至圣庙"，许曲阜孔庙殿及正门皆用黄瓦。

● 1727 年，查慎行（1650—1727）卒。为"清初六家"之一，朱彝尊去世后，为东南诗坛领袖。著有《他山诗钞》《敬业堂诗集》《补注东坡编年诗》等。

1728 年，禁运米出洋。

勘定清与安南国界。

命各省重修通志。

"曾静案"起。

始由英国东印度公司输入鸦片二百箱。●

1729 年，始禁鸦片。

雍正帝设立军机房，协助皇帝处理军国大事。

雍正帝颁行《大义觉迷录》。●

● 1730 年，"徐骏诗文案"。

● 1731 年，《圣祖实录》成。

清朝设立乌里雅苏台将军，驻乌里雅苏台（今蒙古国扎布汗省扎布哈朗特）。

沈德潜撰《说诗晬语》。

● 1732 年，续修《大清会典》（《雍正会典》）成。

清改军机房为"办理军机处"，简称"军机处"，设军机大臣、军机章京等。

● 1732 年，"吕留良案"结案，雍正帝继位后，屡次大兴文字狱，尤以此案历时最久，影响最大。

蒋廷锡（1669—1732）卒。宫廷画家。曾主持纂修《古今图书集成》，任《圣祖实录》总裁，著有《青桐轩集》等。

1733 年，命各省设立书院。禁止滥发牙帖。令各地不得擅立牙行。

清使前往俄国。●

1733 年，李塨（1659—1733）卒。师从颜元，共创"颜李学派"。著有《四书传注》《周易传注》《大学辨业》等。

蓝鼎元（1680—1733）卒。有"筹台宗匠"之称。著有《平台纪略》《鹿洲初集》等。●

1735	1740	1745

● 1735 年，清高宗乾隆帝弘历继位。乾隆年间，寓居扬州的一些画家，作画不拘陈规，自具风格，被称为"扬州八怪"。代表画家有金农、郑燮、黄慎、李鱓、李方膺、汪士慎、罗聘、高翔。

● 1736 年，颁《十三经》《二十一史》于各省及府、州、县学。

● 1736 年，贵州台拱苗民起义失败。

1738 年，封河南陈留河神黄守才为"灵佑襄济之神"。●

1739 年，刊成《大藏经》，史称"龙藏"。殿版《二十四史》刻成。

《太祖实录》《太宗实录》重修告竣。

《明史》成书。●

● 1740 年，续修《大清律例》成。

● 1741 年，颁《钦定四书》于官学。

修居庸关及直隶边墙。

《世宗实录》成。

● 1741 年，吴敬梓《文木山房集》刊印。

王懋竑（1668—1741）卒。著有《白田草堂存稿》《朱子年谱》等。

惠士奇（1671—1741）卒。撰《易说》《礼说》《春秋说》《大学说》《交食举隅》《琴笛理数考》《红豆斋诗文集》等。

● 1742 年，《授时通考》成。

1743 年，《医宗金鉴》成。

《大清一统志》初修成书。●

1744 年，于敏中等奉诏编《天禄琳琅书目》。●

1744 年，赵执信（1662—1744）卒。清代诗人、诗论家、书法家。有《饴山诗集》《饴山文集》《诗余》《声调谱》《谈龙录》《礼俗权衡》等。●

● 1745 年，设湖南苗疆义学。

● 1746 年，禁汉人向关外流动。

官修《明通鉴纲目》成。

勒令在福建传教洋人回国。

● 1746 年，叶天士（1666—1745）卒。清代著名医学家，"四大温病学家"之一。著有《温热论》《临证指南医案》等。

● 1747 年，大小金川之役起。

命校刊《通典》《通志》《文献通考》，并命编《续文献通考》。

命续修《大清会典》。

梁诗正等奉命编《三希堂石渠宝笈法帖》（简称《三希堂法帖》）刊成。

1748 年，《钦定周官义疏》《钦定仪礼义疏》《钦定礼记义疏》成。●

1748 年，高凤翰（1683—1749）卒。"扬州八怪"之一。著有《砚史》《南阜集》等。●

1749 年，《五朝本纪》成。●

1749 年，方苞（1668—1749）卒。"桐城派散文"创始人，与姚鼐、刘大櫆合称"桐城三祖"。著有《方望溪先生全集》等。

王维德（1669—1749）卒。为吴门外科"全生派"的创始人。著有《外科证治全生集》等。●

1735	1740	1745

● 1750 年，改明代好山园为"清漪园"，是为颐和园之基础。

　● 1751 年，乾隆帝第一次南巡。

　"伪奏本案"起

　　● 1752 年，浦起龙《史通通释》刻行。

　　厉鹗（1692—1752）卒。著有《辽史拾遗》《樊榭山房集》，编有《宋诗纪事》。

1753 年，程廷祚作《青溪诗说》。

刘震宇著《治平新策》，被斩决。

高翔（1688—1753）卒。篆刻与汪士慎、丁敬齐名。又与高凤翰、潘西凤、沈凤并称"四凤"，"扬州八怪"之一。著有《西唐诗钞》等。●

1754 年，令查禁《水浒传》。

吴敬梓（1701—1754）卒。有《儒林外史》《文木山房集》等。●

● 1755 年，清定新疆天山南路。定"胡中藻诗狱"。

命纂《平定准噶尔方略》。

封尚穆为琉球国王。

《御纂诗义折衷》成。

英国东印度公司派洪任辉至浙江，要求在宁波通商。

● 1755 年，全祖望（1705—1755）卒。史学家，"浙东学派"重要代表。曾续修黄宗羲《宋元学案》，又七校《水经注》，三笺南宋王应麟《困学纪闻》，著有《鲒埼亭集》《经史问答》等。

张廷玉（1672—1755）卒。先后任《亲征平定朔北方略》纂修官，《省方盛典》《清圣祖实录》副总裁官，《明史》《四朝国史》《大清会典》《世宗实录》总裁官。死后谥号"文和"，配享太庙，是整个清朝唯一一个配享太庙的汉臣。有《澄怀园文存》等。

● 1755 年和 1757 年，清朝两次出兵，平定西北地区的准噶尔部叛乱。

● 1757 年，乾隆帝第二次南巡。清廷颁布圣旨，规定海上贸易限于广州，禁止外商至江、浙、闽海关贸易，史称"一口通商"。并规定外商来华不许登岸。

　● 1758 年，乾隆帝东巡亲祭孔庙，御制《四贤赞》刻于石。

《御撰春秋直解》成。

● 1758 年，惠栋（1697—1758）卒。汉学中"吴派"（"苏州学派"）的代表人物，学者称"小红豆先生"。著有《周易述》《易汉学》《古文尚书考》《后汉书补注》《九经古义》等。

胡天游（1696—1758）卒。善作骈体文。著有《石笥山房文集》《石笥山房诗集》等。

1759年，禁绸、缎、锦、绢出洋。

颁布《防范外夷规条》（又称"《防夷五事》"）。

清朝第三次用兵西北，平定新疆回部的"大小和卓木叛乱"。清朝在新疆实施军府制。●

1759年，顾栋高（1679—1759）卒。著有《春秋大事表》《尚书质疑》《万卷楼文稿》等。

汪士慎（1686—1759）卒。"扬州八怪"之一。代表作《苍松偃塞图》等，有《巢林集》。●

中华文化年表

● 1760 年，清朝在乌鲁木齐、伊犁屯田垦荒，移民实边。

● 1762 年，乾隆帝第三次南巡。清朝设立伊犁将军。

● 1762 年，江永（168—1762）卒。"皖派经学"创始人。著有《周礼疑义举要》《春秋地理考实》《律吕新论》《律吕阐微》《古韵标准》《音学辨微》《四声切韵表》《深衣考误》等。

1763 年，筑乌鲁木齐新城，名"迪化"。●

1763 年，孙洙以蘅塘退士名编刊所选《唐诗三百首》等。

曹雪芹（约 1715—约 1763）约卒于此年。有《红楼梦》等。

金农（1687—1763）卒。"扬州八怪"之首，书法创扁笔书体，兼有楷、隶体势，时称"漆书"。代表作《东萼吐华图》等。

是年，计口 204209828。●

1764 年，命重修《大清一统志》。

编成《大清会典》《大清会典则例》。●

1764 年，秦蕙田（1702—1764）卒。有《五礼通考》等。●

● 1765 年，乾隆帝第四次南巡。准八旗子弟一体参加科举考试。重修《恰克图条约》。

● 1765 年，郑燮（1693—1765）卒。为"扬州八怪"之一，诗、书、画世称"三绝"。代表作有《修竹新篁图》《清光留照图》《兰竹芳馨图》《甘谷菊泉图》《丛兰荆棘图》等，有《郑板桥集》。

丁敬（1695—1765）卒。清代书画家、篆刻家，"浙派篆刻"开山鼻祖，"西泠八家"之首。有《武林金石记》《砚林诗集》《砚林印存》《寿寿初稽》等。

● 1766 年，续修《大清会典》成。

赵起杲、鲍廷博编刻《聊斋志异》，称"青柯亭本"。

● 1766 年，郎世宁（1688—1766）卒。意大利天主教耶稣会传教士，清宫廷画家，曾参加圆明园西洋楼的设计工作。作品有《百骏图》《弘历及后妃像》等。

● 1767 年，开馆修《续通典》《续通志》。《续文献通考》成书。

● 1767 年，蔡显著《闲渔闲闲录》。

程廷祚（1691—1767）卒。著《易通》《大易择言》《尚书通议》《青溪诗说》《春秋识小录》《礼说》《鲁说》《青溪全集》。

● 1768 年，《御批通鉴辑览》成。

"两淮盐政提引征银案"起。

● 1768 年，卢见曾（1690—1768）卒。有诗名，爱才好客，四方名士咸集，流连唱和，一时称为"海内宗匠"。著有《雅雨堂诗文集》等。

黄慎（1687—1768）卒。"扬州八怪"之一。代表画作有《十二司月花神图》《商山四皓图》《伏生授经图》等。

1769 年，销毁钱谦益著作。乾隆皇帝屡兴文字狱。●

1769 年，沈德潜（1673—1769）卒。著有《沈归愚诗文全集》《说诗晬语》，编有《古诗源》《唐诗别裁集》《明诗别裁集》《国朝诗别裁集》等。●

● 1770 年，圆明园全部完工。

● 1771 年，"小金川之役"开始。厄鲁特蒙古土尔扈特部由伏尔加河下游东归至伊犁。

命修辽、金、元三史国语解。

● 1771 年，徐大椿（1693—1771）卒。精于医。有《兰台轨范》《医学源流论》《论伤寒类方》《难经经释》等。

● 1772 年，《四库全书》拉开序幕，寓禁于修。

1773 年，令解散耶稣会。

刘统勋（1698—1773）卒。有《刘文正公集》。

杭世骏（1696—1773）卒。文人、画家。有《道古堂文集》《道古堂诗集》《榕城诗话》《三国志补注》等。

1774 年，山东王伦清水教起义。以黄河水灌注微山湖以通漕运。

令滋生人口，永不加赋。

英印政府派人到日喀则活动，此后英国人频繁侵藏。●

● 1775 年，始于紫禁城内建文渊阁，于圆明园建文源阁，于避暑山庄建文津阁，以备储藏《四库全书》。

● 1776 年，清征服大小金川。

乾隆帝命删改旧籍。

禁汉人流入盛京、吉林等地。

命于国史列"贰臣传"。

1777 年，令广东严禁洋船运棉进口。《满洲源流考》成。

江西新昌人王锡侯删改《康熙字典》成《字贯》，被逮狱论死。●

1777 年，戴震（1724—1777）卒。乾嘉经学"皖派"大师。梁启超称之为"前清学者第一人"，梁启超、胡适称之为"中国近代科学界的先驱者"。有《孟子字义疏证》《方言疏证》《声韵考》。孔继涵编有《戴氏遗书》。●

1778 年，"徐述夔《一柱楼诗集》案"起。河南祥符"刘峨印卖《圣讳实录》案"。湖南"陶煊、张灿辑《国朝诗的》案"。

1778 年，余萧客（1732—1778）卒。有《古经解钩沉》《尔雅释》《文选纪闻》《选音楼诗拾》等。●

1779 年，于江苏镇江建文宗阁。"智天豹狱"起，是年还有"沈大绶《硕果录》《介寿词》案""祝庭净《续三字经》案""石卓槐《槐芥圃诗钞》案""冯王孙《五经简咏》案"等。●

1779 年，刘大櫆（1698—1779）卒。"桐城派"中坚人物。著有《海峰文集》《海峰诗集》等，编有《历朝诗约选》。●

● 1780 年，乾隆帝第五次南巡。班禅额尔德尼入觐。

扬州大观堂建文汇阁，杭州建文澜阁。

● 1781 年，第一部《四库全书》抄写完毕，并装潢进呈。

《平定大小金川方略》成。《满洲实录》第四部绘写本成。

● 1781 年，朱筠（1729—1781）卒。曾先后收藏有王氏"青箱堂"、曹氏"栋亭"、富察氏"谦益堂"等旧藏，所居"淑花吟舫"，聚书三万余卷。著《十三经文字同异》《礼仪释例》《笥河文集》等。

● 1782 年，《四库全书总目》成。

广东"十三公行"成立。

1783 年，《续通典》纂成。

李调元成《雨村曲话》。

黄景仁（1749—1783）卒。和王昙并称"二仲"，和洪亮吉并称"二俊"，"毗陵七子"之一。有《两当轩集》《西蠡印稿》等。

1784 年，乾隆帝第六次南巡。举行千叟宴。

《续修大清一统志》成。

《四库全书》内廷四库庋藏本缮竣。●

1784 年，美国商船"中国皇后"号到达广州进行丝、茶贸易，中美关系自此始。●

● 1785 年，再举千寿宴。重修卢沟桥。令山东、河南、直隶广种甘薯。《大清一统志》《辽、金、元三史国语解》成书。《续通志》纂成。

● 1785 年，蒋士铨（1725—1785）卒。与袁枚、赵翼并称"江右三大家"。有《忠雅堂集》《藏园九种曲》等。

● 1786 年，封郑华为暹罗国王。
《四库全书总目》增纂各书陆续完成。
孔广森（1751—1786）卒。孔子六十九代孙。有《䍩轩孔氏所著书》《春秋公羊通义》《大戴礼记补注》《诗声类》等。

● 1787 年，三通馆臣纂成《清通典》《清通志》《清文献通考》。

1788 年，廓尔喀入侵西藏。
《四库全书》续钞三部完成，分藏于镇江、扬州和杭州。●

1788 年，庄存与（1719—1788）卒。今文经学"常州学派"首创者。著有《春秋正辞》《尚书说》《毛诗说》《周官说》等。●

1789 年，任大椿（1738—1789）卒。"扬州学派"前期代表人物。著有《弁服释例》《深衣释例》《小学钩沉》等。●

● 1790 年，"三庆""四喜""春台""和春"四大徽班进京。
是年，全国计口 3.0148 亿余。

● 1791 年，改订《西藏管理章程》。
正式取消议政王大臣会议。

● 1791 年，程伟元、高鹗整理成一百二十回本《红楼梦》，以木活字排印，通称"程甲本"。

● 1792 年，廓尔喀降清。
乾隆帝作《十全武功记》。
热河避暑山庄建成。
定达赖、班禅"金瓶掣签"制度。

● 1793 年，颁行《钦定西藏章程》。
定西藏、廓尔喀疆界。
英使马嘎尔尼来华，提出通商口岸要求，遭拒。

1794 年，造广州水师战船。
汪中（1745—1794）卒。与阮元、焦循同为"扬州学派"的杰出代表。有《述学》《广陵通典》《容甫先生遗诗》等，后人整理成《汪中集》。●

● 1795 年，石柳邓、吴八月领导贵州"苗民起义"。
《廓尔喀纪略》成。
《四库全书总目》校刊完竣，刊刻完成。

● 1795 年，卢文弨（1717—1795）卒。著有《抱经堂文集》《广雅注》等。

● 1796 年，乾隆帝禅位于嘉庆帝。
川、楚、陕地区爆发"白莲教起义"。

● 1796 年，陈端生（1751—约1796）约卒于此年。有《绘影阁诗集》《再生缘》等。
邵晋涵（1743—1796）卒。著有《尔雅正义》《孟子述义》《辑轩日记》等。

1797 年，阮元主编《经籍籑诂》成。
毕沅（1730—1797）卒。有《续资治通鉴》《山海经校注》等。

王鸣盛（1722—1797）卒。"吴派"考据学大师。有《十七史商榷》《蛾术编》等。

袁枚（1716—1797）卒。与赵翼、蒋士铨合称"乾隆三大家"，与赵翼、张问陶合称"性灵派三大家"，"清代骈文八大家""江右三大家"之一。有《小仓山房诗文集》《随园诗话》等，今人辑有《袁枚全集》。●

● 1798 年，始用"乡勇"镇压各地义军。

● 1798 年，姚阶编刊《国朝词雅》。王引之作《经传释词》。

阮元成《淮海英灵集》。

● 1799 年，乾隆帝去世，和珅被处死。

● 1799 年，阮元主编《畴人传》成。

洪亮吉上《平邪教疏》。

江声（1721—1799）卒。著《尚书集注音疏》等。

武亿（1745—1799）卒。著《群经义证》《金石三跋》《金石续跋》《钱谱》等。

罗聘（1733—1799）卒。为金农入室弟子，"扬州八怪"之一。子允绍、允缵，均善画梅，人称"罗家梅派"。善画《鬼趣图》，其他有《物外风标图》（册页）《丹桂秋高图》等，著有《香叶草堂集》等。

● 1800 年，阮元于杭州创建"诂经精舍"（一说嘉庆六年）。

赵翼将所著《廿二史札记》《檐曝杂记》《瓯北诗集》《瓯北诗话》等七种合编成《瓯北全集》。

屠绅作《蟫史》。

● 1801 年，贵州铜仁"苗民起义"。

续修《大清会典》。

● 1801 年，章学诚（1738—1801）卒。曾先后主修《湖北通志》等十多部志书，创立了一套完整的修志义例。并用毕生精力撰写了《文史通义》《校雠通义》《史籍考》。

1802 年，英人侵澳门。

嘉庆帝册封越南国王，国号"越南"。●

1802 年，李调元（1734—1802）卒。与李鼎元、李骥元合称"绵州三李"。有《童山全集》《雨村曲话》《雨村剧话》等。

张惠言（1761—1802）卒。开创"常州词派"，与惠栋、焦循一同被后世称为"乾嘉易学三大家"。有《词选》《周易虞氏义》等。●

● 1803 年，西班牙人传入西洋种痘法。

● 1803 年，卧闲堂巾箱本《儒林外史》刊行，为今所见最早版本。

彭元瑞（1731—1803）卒。与蒋士铨合称"江右两名士"。著有《恩余堂辑稿》《宋四六话》等。

● 1804 年，陶澍等同科六人于京城宣武门南结"宣南诗社"。

钱大昕（1728—1804）卒。史学家。有《廿二史考异》《潜研堂文集》《十驾斋养新录》等。

1805 年，试办海运。●

增设广东水师提督。

1805 年，张海鹏编成《学津讨原》。

焦循撰成《剧说》。

桂馥（1736—1805）卒。著有《说文解字义证》《缪篆分韵》《晚学集》等。

纪昀（1724—1805）卒。曾任《四库全书》总纂修官，主持编撰《四库全书总目提要》，有《纪文达公遗集》《阅微草堂笔记》等。

邓石如（1743—1805）卒。篆刻家、书法家，"邓派篆刻"创始人。长于篆书，以秦李斯、唐李阳冰为宗，稍参隶意，称为"神品"。有《完白山人篆刻偶存》等。

赵学敏（约 1719—1805）卒。著《串雅》是中国医学史上第一部有关民间走方医的专著。●

● 1806 年，曾燠编刻《国朝骈体正宗》。

王昶（1724—1806）卒。与王鸣盛、钱大昕等人并称"吴中七子"。著有《春融堂集》《湖海诗传》《征缅纪闻》《湖海文传》《明词综》《国朝词综》《金石萃编》等。

● 1807 年，马礼逊到广州，为第一位来华的基督教新教传教士。

段玉裁《说文解字注》成书。

汪辉祖（1730—1807）卒。著有《元史本证》《二十四史同姓名录》《二十四史稀姓名录》《辽、金、元三史同姓名录》《学治佐证》《佐治药言》《续佐治药言》《学治臆说》《学治续说》《晚庐归稿》等。

1808 年，英军强占澳门，因清政府强烈反对而退出。 ●

● 1809 年，定"广东互市章程"。查办"仓场舞弊案"。

● 1809 年，凌廷堪（1757—1809）卒。著有《礼经释例》《燕乐考原》《校礼堂文集》《充渠新书》《元遗山年谱》等。

洪亮吉（1746—1809）卒。有《卷施阁集》《更生斋集》《北江诗话》《春秋左传诂》《三国疆域志》等。

1810 年，查禁鸦片，于虎门设立水师提督。 ●

1811 年，禁民人奉习天主教。

命续修《大清一统志》（道光年修成，称《嘉庆重修一统志》）。 ●

1811 年，曾国藩（1811—1872）出生。

臧庸（1767—1811）卒。入阮元幕府，助其纂修《经籍籑诂》。著有《拜经日记》《拜经堂文集》等。 ●

● 1812 年，左宗棠（1812—1885）出生。

是年，全国人口 3.6 亿余。

● 1813 年，诏修《明鉴》。

天理教在北京及滑县起事，在太监的接应下曾一度攻进皇宫，失败。

● 1813 年，钱大昭（1744—1813）卒。钱大昕之弟，从学于其兄，时有"两苏"之比。参加校录《四库全书》。著有《两汉书辨疑》《三国志辨疑》《后汉书补表》《补续汉书艺文志》《迩言》等。

法式善（1752—1813）卒。曾参与编纂武英殿分校《四库全书》，是蒙古族中唯一参加编纂《四库全书》的学者。有《存素堂诗集》《存素堂文集》《清秘述闻》等。

1814 年，严禁银两偷运出洋。

董诰奉旨纂辑《全唐文》成。 ●

1814 年，程瑶田（1725—1814）卒。"徽派朴学"代表人物之一。著有《禹贡三江考》《声律小记》《考工创物小记》《释草小记》《释虫小记》《纪砚》等。

赵翼（1727—1814）卒。文学家、史学家，与袁枚、张问陶并称"清代性灵派三大家"。有《廿二史札记》《瓯北诗钞》《瓯北诗话》《陔余丛考》等。所著《廿二史札记》与王鸣盛《十七史商榷》、钱大昕《二十二史考异》合称"清代三大史学名著"。

张问陶（1764—1814）卒。"清代性灵派三大家"之一，被誉为"青莲再世""少陵复出"清代"蜀中诗人之冠"。有《船山诗草》等。 ●

● 1815 年，定《查禁鸦片章程》。

● 1815 年，《英华字典》出版。

姚鼐（1732—1815）卒。与方苞、刘大櫆并称"桐城三祖"。有《惜抱轩全集》《古文辞类纂》等。

舒位（1765—1815）卒。与王昙、孙原湘并称"江左三君"。有《瓶水斋诗集》《乾嘉诗坛点将录》《瓶笙馆修箫谱》。

段玉裁（1735—1815）卒。"徽派朴学大师"中杰出的学者。有《说文解字注》《六书音韵表》《毛诗故训传定本》《经韵楼集》等。

高鹗（1758—约1815）卒。应友人程伟元之邀协助编辑、整理、出版《红楼梦》程甲本、程乙本。另著《高兰墅集》《兰墅诗钞》等。

梁同书（1723—1815）卒。与刘墉、翁方纲、王文治并称"清四大家"。著有《频罗庵遗集》《频罗庵论书》等。

● 1816 年，英国使者阿麦特来华。

● 1816 年，崔述（1739—1816）卒。门人陈履将其著述汇刻为《崔东壁遗书》。

庄述祖（1750—1816）卒。庄存与之侄，"常州学派"奠基人之一。著有《夏小正经传考释》《尚书今古文考证》等。

杨芳灿（1753—1815）卒。有《芙蓉山馆诗词稿》等。

1817年，增设天津水师营总兵。●

1817 年，恽敬（1757—1817）卒。"阳湖文派"创始人之一。有《大云山房文稿》等。

王昙（1760—1817）卒。"江左三君"之一。有《烟霞万古楼诗集》及《文集》和传奇《万花缘》等。●

● 1818 年，江藩于广州刊出《国朝汉学师承记》。

孙星衍（1753—1818）卒。为"乾嘉学派"（"古文经学派"）的重要人物。辑刊《平津馆丛书》《岱南阁丛书》堪称善本。著有《尚书古今文注疏》《周易集解》等。

翁方纲（1733—1818）卒。书法与同时的刘墉、梁同书、王文治齐名。论诗创"肌理说"。有《两汉金石记》《粤东金石略》《复初斋全集》等。

吴锡麒（1746—1818）卒。有《双忠祠》《有正味斋全集》等。

● 1819 年，禁厦门洋船运茶。

● 1819 年，石韫玉以"花韵庵主"名作传奇《红楼梦》十折。

基督教新教传教士马礼逊等译出《旧约全书》，为第一本汉文《圣经》。

1820 年，宣宗道光皇帝继位。

阮元借广州西文澜书院旧址设"学海堂"。

维吾尔人张格尔据喀什叛乱。

英输入中国的鸦片增至五千余箱。

龚自珍撰《东南罢番舶议》《西域置行省议》。

李兆洛编《骈体文钞》。

焦循（1763—1820）卒。有《雕菰楼集》《孟子正义》《剧说》等。

道光年间，中国传统戏曲京剧形成。●

● 1821 年，英国人侵入叶尔羌、喀什噶尔等地。

● 1821 年，侯芝改订并刊行弹词《再生缘》。

● 1822 年，清政府在东南沿海严查鸦片。

1823 年，定"商民与蒙古市易章程"。

制定"失察鸦片条例"。●

1823 年，龚自珍刊定《无著词》《怀人馆词》《小奢摩词》，又作《壬癸之际胎观》。

周济编定《介存斋诗》《存审轩词》。

李鸿章（1823—1901）出生。

永瑆（1752—1823）卒。书画与翁方纲、刘墉、铁保并列，创"悬腕作书八镫法"。著有《听雨屋集》《诒晋斋集》《仓龙集》等。

陈修园（1753—1823）卒。医学家，有《伤寒论浅注》《金匮要略浅注》《金匮方歌括》《灵素节要浅注》《伤寒医诀纂解》《神农本草经读》《医学三字经》《医学从众录》《女科要旨》《时方妙用》《伤寒真浅注》等。●

1824	1828	1830

1824

● 1824年，英输入鸦片增至一万二千余箱。
《仁宗实录》成。

　　● 1825年，龚自珍作《咏史》诗，始撰《古史钩沉论》。
　　郝懿行（1757—1825）卒。著有《尔雅义疏》《山海经笺疏》《易说》《书说》《春秋说略》《竹书纪年校正》等。

1826年，颁河道水利修治令。
魏源在江苏布政使贺长龄幕编成《皇朝经世文编》。●

　　1826年，宋湘（1756—1826）卒。被称为"岭南第一才子"。有《红杏山房诗钞》等。
　　方东树于广州刊刻《汉学商兑》。
　　严如熤（1759—1826）卒。著有《洋务辑要》《苗防备览》《三省边防备览》等。

1828

● 1828年，禁用外国钱币。翻译乡试。
1829年，清朝禁止私货入口。
《皇清经解》成书。

1829年，黄爵滋等二十余人在京师陶然亭进行"湛春集"。

孙原湘（1760—1829）卒。"江左三君"之一。有《天真阁集》。

刘逢禄（1776—1829）卒。"常州学派"奠基人。著有《尚书今古文集解》《书序述闻》《左氏春秋考证》《公羊春秋何氏解诂笺》《春秋公羊经何氏释例》《穀梁废疾申何》《论语述何》等。

凌曙（1775—1829）卒。有《公羊礼疏》《公羊礼说》《公羊问答》《春秋繁露注》等。●

1830

● 1830年，定"查禁内地行销鸦片章程"。

● 1830年，林则徐、魏源等于北京组织"宣南诗社"。

江藩（1761—1831）卒。著有《周易述补》《尔雅小笺》《汉学师承记》《宋学渊源记》等。

李汝珍（约1763—约1830）约卒于此年。有《镜花缘》等。

是年，全国人口3.94亿余。

　　● 1831年，定"官民买吸鸦片罪罚例"。

　　● 1831年，王清任（1768—1831）卒。解剖学家与医学家。著有《医林改错》等。

　　管同（1780—1831）卒。"桐城派"后期重要代表人物，与梅曾亮、姚莹、方东树并称"姚门四杰"。有《孟子年谱》《七经纪闻》等。

　　1832年，广东定"查禁鸦片章程"。●

1832年，周济编成《宋四家词选》。

恭亲王奕䜣（1832—1898）出生。

王念孙（1744—1832）卒。与钱大昕、卢文弨、邵晋涵、刘台拱有"五君子"之称。有《广雅疏证》《读书杂志》等。

胡承珙（1776—1832）卒。著有《毛诗后笺》《小尔雅义证》《尔雅古义》等。

沈钦韩（1775—1831）卒。著有《幼学堂文集》《两汉书疏证》《水经注疏证》《左传补注》等。●

1824	1828	1830

● 1833 年，定"禁止纹银出洋条例"。

● 1833 年，朱骏声撰成《说文通训定声》。

● 1834 年，英国人炮轰虎门。

● 1834 年，王引之（1766—1834）卒。曾奉旨勘订《康熙字典》，讹误，撰成《字典考证》，有《经传释词》《经义述闻》等。

陈寿祺（1771—1834）卒。著有《五经异义疏证》《今文尚书经说考》《左海诗文集》《遂初楼杂录》等。

1835 年，广东增定《防范洋人贸易章程》。英舰闯入山东刘公岛洋面。●

1835 年，陈森成《品花宝鉴》。

慈禧太后（1835—1908）出生。

项鸿祚（1798—1835）卒。与龚自珍并称"西湖双杰"。有《忆云词》。

顾广圻（1770—835）卒。与孙星衍、黄丕烈等人称"一代校勘学巨匠"。著有《思适斋集》等。

是年，全国人口 4.017 亿余。●

● 1836 年，义律任英国住广州商务总监督。

● 1836 年，瞿绍基（1772—1836）卒。藏书楼为"铁琴铜剑楼"，被称为"清代四大著名藏书楼"（常熟瞿氏"铁琴铜剑楼"、山东聊城杨氏"海源阁"、浙江归安陆氏"皕宋楼"、浙江钱塘丁氏"八千卷楼"）之一，与山东聊城杨以增、浙江归安陆心源、浙江钱塘丁丙并称为"清代四大私人藏书家"。有《恬裕斋藏书志》《恬裕斋书目》等。

● 1837 年，林则徐为湖广总督。

查禁白银出口。

● 1837 年，张之洞（1837—1909）出生。

程恩泽（1785—1837）卒。与阮元并为嘉庆、道光间"儒林之首"。有《程侍郎遗集》等。

1838 年，林则徐为钦差大臣赴广东查禁鸦片，并节制全省水师。

龚自珍作《送钦差大臣侯官林公序》。

1838 年，美国来华传教士裨治文、伯驾于广州创"中国医药传道会"。●

● 1839 年，虎门销烟。

"查禁鸦片章程"三十九条颁布各省。

● 1839 年，方东树成《昭昧詹言》。

龚自珍作《病梅馆记》。

周济（1781—1839）卒。"常州学派"重要词论家。有《味隽斋词》《止庵词》《词辨》《宋四家词选》等。

● 1840 年，林则徐就任两广总督。6 月，英国"东方远征军"抵达珠江海面，"鸦片战争"爆发。7 月，英军进攻厦门、浙江，封锁长江口。8 月，英军进攻天津大沽口炮台，京师震动。

● 1840 年，龚自珍作《己亥杂诗》《庚子雅词》。

1841 年，1 月，英军占香港。后相继占领厦门、定海、镇海、宁波等地。2 月，水师提督关天培（1781—1842）抗击英军，壮烈殉国。5 月，三元里人民抗英，张维屏有《三元里》诗纪其事。●

● 1841 年，龚自珍（1792—1841）卒。柳亚子誉其为"三百年来第一流"。有《病梅馆记》《己亥杂诗》《定庵文集》，今人辑为《龚自珍全集》。●

1842	1845	1848

● 1842 年 8 月，英军进攻南京，中英《南京条约》签订，第一次鸦片战争结束。

张维屏编成《国朝诗人征略》。

魏源编成《海国图志》，其《寰海后十首》《秋兴十章》《秋兴后十首》约作于本年。

● 1843 年，《重修大清一统志》成。

中英续订《虎门条约》。

洪秀全创"拜上帝会"。

英国传教士在上海创办墨海书馆及印刷所，为英国在中国设立的第一个机器工厂。

英国怡和洋行在上海创立。

● 1843 年，严可均（1762—1843）卒。精考据学，曾与姚文田同治《说文》。有《说文长编》《说文声类》《说文校议》，辑有《全上古三代秦汉三国六朝文》《四录堂类集》。

1844 年，7 月，美国强迫清朝签订《望厦条约》（又称"《中美五口通商章程》"），宁波、福州开埠。8 月，法国强迫清朝签订《黄埔条约》（又称"《中法五口通商章程》"）。

是年，近代摄影技术传入中国。

洪秀全写成《原道醒世训》《原道救世歌》。第二年，写成《原道觉世训》。●

● 1845 年，苏松太道与英国驻沪领事订立《上海租地章程》，允许英国人租地居留。外国自此始在华大肆设立租界。

外国人在华开设的第一家工厂柯拜船坞在广州开办。

● 1846 年，清与瑞典、挪威签订《五口通商章程》。

● 1846 年，邓廷桢（1776—1846）卒。有《石砚斋诗钞》。

1847 年，上海爆发"徐家汇教案"，为中国近代史上的第一个教案。●

1847 年，徐继畬《瀛寰志略》成书。

俞万春著《荡寇志》（又称"《结水浒全传》"或"《结水浒传》"）。

梁德绳（1771—1847）卒。弹词女作家。续《再生缘》，有《古春轩诗钞》等。

吴其浚（1789—1847）卒。植物学家、矿物学家。著有《植物名实图考》《植物名实图考长篇》《滇南矿厂图略》《滇行纪程集》等。●

●1848 年，无名氏《风月梦》成书。

徐松（1781—1848）卒。利用编纂《全唐文》之便，从《永乐大典》中辑出《宋会要辑稿》《河南志》《中兴礼书》，又撰写《唐两京城坊考》《登科记考》《西域水道记》等。

● 1849 年，美国兵船闯入台湾鸡笼（1875 年，清廷改为"基隆"）勘查煤矿。

俄国侵入黑龙江流域和库页岛。

● 1849 年，梁章钜（1775—1849）卒。有《退庵诗存》《楹联丛话》《称谓录》《文选旁证》《归田琐记》等。

阮元（1764—1849）卒。"徽派朴学"发展后期的巨擘，被尊为"三朝阁老""九省疆臣""一代文宗"。主编《经籍籑诂》，校刻《十三经注疏》，著有《揅经室集》《畴人传》《积古斋钟鼎仪器款式》《皇清经解》《两浙金石志》《诂经精舍文集》《淮海英灵集》等。

1850 年，英人在上海出版英文《北华捷报》周刊。

文康成《儿女英雄传》，光绪四年始刊行。

林则徐（1785—1850）卒。翻译论著《海国图志》，著作今辑为《林则徐集》。●

1842	1845	1848

● 1851 年，"太平天国起义"。清政府与沙俄签订《伊犁塔尔巴哈台通商章程》。

● 1851 年，方东树（1772—1851）卒。姚鼐的得意门生，与姚莹、管同、梅曾亮同称"姚门四杰"。有《仪卫轩文集》《昭昧詹言》《汉学商兑》《老子章义》《阴符经解》《书林扬觯》等。

● 1852 年，"捻军"张乐行于亳州起义。

1853 年，太平军攻克南京，更名"天京"。太平天国颁布《天朝田亩制度》。●

1853 年，英国伦敦布道会《遐迩贯珍》时事月刊在香港创刊。姚莹（1785—1853）卒。姚鼐得意门生，"姚门四杰"之一，"桐城派古文"的主要创始人。有《康輶纪行》《东槎纪略》数十种，合为《中复堂全集》等。●

● 1854 年，曾国藩在湖南建成湘军。
英国人威妥玛任清朝上海海关税务司，外国人管理中国海关自此始。

● 1854 年，第一个留美学生容闳毕业于耶鲁大学，次年回国。

1856 年，"马神甫事件"（又称"西林教案"）发生。
"亚罗号事件"发生，英法对中国发动"第二次鸦片战争"，英法联军进攻广州。●

1856 年，太平天国"天京事变"。梅曾亮（1786—1856）卒。姚鼐得意门生，"姚门四杰"之一。有《柏枧山房诗文集》等。●

● 1857 年，马克思在《纽约每日论坛报》发《英中冲突》，指斥英国挑起"第二次鸦片战争"。
英国在上海设立麦加利银行分行。
英法联军攻陷广州。

● 1857 年，第一个留英学生黄宽毕业回国，后在广州行医，并培养出了中国第一代西医。
邱心如《笔生花》刊行。
魏源（1794—1857）卒。近代中国"睁眼看世界"的首批知识分子的优秀代表。有《古微堂集》《圣武记》《元史新编》《海国图志》《皇朝经世文编》等，今人辑有《魏源全集》。

1858 年，俄国黑龙江公司成立。
沙俄强迫清朝签订《瑷珲条约》，强占中国 60 多万平方公里的土地。
英法联军攻陷大沽口炮台。清朝被迫与英、法、俄、美分别签订《天津条约》；"中英鸦片贸易协定"签订；中英、中美《通商章程善后条约》以及中法《通商章程善后条约》签订；清政府被迫同意以"洋药"的名义进口鸦片。●

1858 年，魏子安成《花月痕》。
中国人主办的第一份日报《中外新报》在香港创办。
康有为（1858—1927）出生。●

1859 年，袁世凯（1859—1916）出生。
张维屏（1780—1859）卒。与黄培芳、谭敬昭并称"粤东三子"。著有《张南山诗文集》《艺谈录》，辑有《国朝诗人征略》。●

中华文化年表

● 19世纪60年代至90年代，洋务派掀起"洋务运动"。

● 1860年，以华尔为首的英美"洋枪队"在上海组成，中外开始联合镇压太平天国。

10月，英法联军攻进北京，洗劫并火烧圆明园。

英、法强迫清朝分别签订《北京条约》，"第二次鸦片战争"结束。

沙俄强迫清朝签订《北京条约》，强占中国40多万平方公里的土地。

太平军在上海击败美国人华尔率领的洋枪队。

● 1860年，宋翔凤（1779—1860）卒。"常州学派"代表人物之一。有《论语郑注》《论语说义》《论语发微》《孟子赵注补正》《大学古义说》《小尔雅训纂》《四书释地辨证》《卦气解》《尚书说》《五经要义》《五经通义》《过庭录》《朴学斋札记》等。

● 1861年，清朝设立"总理各国事务衙门"，简称"总理衙门"。外国公使驻节北京。

中法《天津紫林租地章程》，天津法租界勘定。

清咸丰帝病死，慈禧太后发动宫廷政变，两宫皇太后听政。

● 1861年，徐寿和华蘅芳制造的中国第一艘蒸汽轮船在长江上试航成功。

李鸿章赴庐州招募"淮勇"，组成"淮军"。

冯桂芬成《校邠庐抗议》。

英商奚安门创办上海第一家中文报纸《上海新报》。

曾国藩在安庆设立军械所。

杜文澜成《古谣谚》。

● 1862年，近代中国第一所培养外语人才的新式学校京师同文馆成立。

洋枪队改名"常胜军"。

美商旗昌洋行轮船公司在上海成立。

太平军在浙江慈溪击毙华尔。

中俄《陆路通商章程》签订。

● 1863年，英军官接统"常胜军"。上海英美租界合并为"公共租界"。

李鸿章在上海设立广方言馆，次年6月，广州同文馆成立。

李鸿章在苏州设立洋炮局（1865年并入南京金陵机器局）。

上海洪盛米号利用机器碾米。

● 1863年，贝青乔（1810—1863）卒。钱仲联称其与曾国藩、陈沆、郑珍、何绍基为道咸诗坛的"五虎大将"。有《咄咄吟》《半行庵诗存稿》等。

● 1863—1908年，英国人赫德担任中国海关总税务司。

1864年，天京陷落，"太平天国运动"失败。

沙俄强迫清朝签订《中俄勘分西北界约记》，强占中国44万平方公里的土地。

美国在天津大沽设立拖驳轮船公司。

英国在香港成立汇丰银行。

上海《北华捷报》扩版为《字西林报》，《北华捷报》成为其副刊。

丁韪良翻译的《万国律例》刊刻。●

1864年，姚燮（1805—1864）卒。晚清文学家、画家。有《今乐府选》《大梅山馆集》等。

郑珍（1806—1864）卒。与莫友芝并称"西南巨儒"。有《仪礼私笺》《说文逸字》《说文新附考》等。●

中华文化年表

● 1865 年，中亚浩罕汗国阿古柏侵入新疆南部的喀什，占据中国的南疆。

● 1865 年，李鸿章创办金陵机器制造局。

英国在上海设立汇丰银行。

李鸿章在上海设立江南制造总局。

海关总税务司由上海迁往北京。

● 1866 年，左宗棠在福州马尾创办福州船政局，并设立福州船政学堂，为中国第一所培养造船技术人才和海军人才的学校。

发昌机器厂在上海成立。

英太古银行在上海成立。

孙中山（1866—1925）出生。

● 1867 年，《太宗文皇帝实录》及《圣训》编成。

清政府命崇厚创办的天津机器制造局（初名"军火机器总局"，1870 年李鸿章接办后改）开业。

上海江南制造局设翻译馆。

● 1867 年，蒋敦复（1808—1867）卒。"清词后七家"之一。先与王韬、李善兰并称"海天三友"，后又与王韬、马建忠称为"海上三奇士"。有《啸古堂诗文集》《芬陀利室词集》《芬陀利室词话》等。

● 1868 年，《教会新报》（1874 年改名《万国公报》）在上海创办。

江苏巡抚丁日昌先后两次发出禁毁小说、戏曲的禁令，《水浒传》《红楼梦》等均在禁书之列。

蒋春霖（1818—1868）卒。与纳兰性德、项鸿祚有"清代三大词人"之称。有《水云楼词》《水云楼词续》《水云楼烬余稿》等。

1869 年，中俄《科布多界约》签订。

大太监安德海被山东巡抚丁宝桢斩杀。●

1870 年，"天津教案"发生。●

1870 年，黄遵宪作《感怀诗》十首。

陈森（1796—1870）卒。有《品花宝鉴》，开"近代狭邪小说"先河。●

● 1871 年，上海、香港间海底电缆铺成。

沙俄派兵抢占中国的伊犁地区。

● 1871 年，王韬成《普法战纪》，书中译有《马赛革命歌》。

● 1872 年，大清国的詹天佑等第一批三十名官费留美幼童从上海出发。

英国商人美查在上海创办《申报》（1912 年史量才接办）。

侨商陈启源在广东南海开办继昌隆缫丝厂。

曾国藩（1811—1872）卒。湘军的创立者和统帅，与李鸿章、左宗棠、张之洞并称"晚清中兴四大名臣"。晚清散文"湘乡派"创立人，有"桐城派中兴明主"之称。有《经史百家杂钞》《曾国藩家书》等，后人编定为《曾文正公全集》。

朱学勤总纂《剿平捻匪方略》成，《剿平粤匪方略》成。

1873 年，李鸿章在上海创办第一家近代航运企业轮船招商局。●

1873 年，何绍基（1799—1873）卒。书法初学颜真卿，又融汉、魏而自成一家，尤长草书，被誉为"书联圣手"。有《惜道味斋经说》《东洲草堂诗集》《东洲草堂文钞》《说文段注驳正》等。●

● 1874 年，法军占越南河内，刘永福率黑旗军击毙法军统帅安邺。日本侵犯我国台湾。

● 1874 年，丛书《西国近事汇编》出版。

王韬在香港创办第一份由华人创办的中文报纸——《循环日报》。

冯桂芬（1809—1874）卒。晚清思想家、散文家，在上海设广方言馆，培养西学人才。有《校邠庐抗议》《说文解字段注考证》《显志堂集》等。

● 1875 年，英国怡和洋行建设的近代中国第一条铁路淞沪铁路上海至江湾段开始铺轨。

云南"马嘉理事件"。

郭嵩焘任出使英国钦差大臣，中国正式派遣常驻各国公使自此始。

● 1875—1888 年，清朝初步建成北洋、南洋、福建三支水师。

1876 年，日本强迫朝鲜签订《江华条约》。

中英《烟台条约》。●

1876 年，淞沪铁路全线通车。

《申报》上首次出现"京剧"名称。

第一所中外合办的科技学校——格致书院在上海成立。●

1876—1878 年，左宗棠击败阿古柏，收复除伊犁之外的新疆全部土地。●

● 1877 年，"杨乃武冤案"震动全国。

台湾巡抚在台湾架设中国第一条电报线。

● 1878 年，李鸿章在直隶唐山开平镇创办开平矿务局。

左宗棠设立中国第一座机织毛纺厂兰州机器织呢局。

李鸿章在上海创办中国第一家机器棉纺织工厂——上海机器织布局。

中国人自办的第一所新式小学——正蒙书院在上海成立。

俞达著成《青楼梦》。

1879 年，日本吞并琉球，改为冲绳县。●

1879 年，黄遵宪作《日本杂事诗》等。

《忠烈侠义传》（即《三侠五义》）一百二十回本刊行。

陈独秀（1879—1942）出生。●

● 1880 年，李鸿章于天津设立电报总局，架设天津、上海间电线。天津设立电报学堂。

美国旧金山华侨成立"致公堂"，以推翻满清、建立共和为号召。

● 1880 年，黎庶昌、杨守敬刊《古逸丛书》二十六种。

郑观应《易言》刊行，后扩充为《盛世危言》。

王韬作《扶桑游记》。

● 1881 年，曾纪泽与沙俄签订《中俄伊犁条约》，中国收回伊犁，但沙俄仍抢占中国七万多平方公里的领土。

中国自办的第一条铁路——唐胥铁路建成通车。

英商创办上海自来水公司。

上海租界区始有电话。

李鸿章在天津设立水师学堂。

● 1881 年，鲁迅（1881—1936）出生。

刘熙载（1813—1881）卒。被称为"东方黑格尔"。有《艺概》等，今人辑有《刘熙载集》。

1882 年，美国国会通过"禁止华工十年内入境案"，黄遵宪任驻旧金山总领事，作《逐客篇》。●

1882 年，徐鸿复在上海创办同文书局。

上海公共租界电灯公司发电。

《字西林报》中文版——《沪报》于上海创刊。●

- 1883 年，"中法战争"爆发。
- 1883 年，李桓辑成《国朝耆献类征初编》。

陈衍自本年起逐渐打出"同光体"的旗号。

- 1884 年，新疆建省。
- 1884 年，同文书局出版石印缩本殿版《二十四史》，影印《古今图书集成》。

《点石斋画报》创刊。

1885 年，"镇南关大捷"，《中法条约》签订，黄遵宪作《冯将军歌》，中法战争结束。

台湾设省，刘铭传（1836—1896）为第一任巡抚。

李鸿章奏设天津武备学堂，为中国陆军学校之始。●

1885 年，张文虎撰《儒林外史评》。

左宗棠（1812—1885）卒。湘军著名将领，洋务派首领，"晚清中兴四大名臣"之一。著有《楚军营制》，其奏稿、文牍等辑为《左文襄公全集》。●

1886 年，中日"长崎事件"。

续修《大清会典》成。●

1886 年，李提摩太主笔的《天津时报》创刊。

王闿运在长沙创立"碧湖诗社"，世称"汉魏六朝派"，亦称"湖湘派"。易顺鼎在苏州创立"吴社联吟"，被称"晚唐诗派"。

朱德（1886—1976）出生。●

- 1887 年，张之洞在广州兴办广雅书院。

外国人于汉口创办《益文日报》。

四川至云南的电报线及福建至台湾的海底电报线建成。

英国人于上海成立广学会。

李鸿章在天津成立天津铁路公司（又名"津沽铁路公司"）。

蒋介石（1887—1975）出生。

- 1888 年，英国入侵西藏，后将西藏的亚东开辟为商埠。

重修清漪园，改名"颐和园"。

天津至唐山的铁路建成通车。

北洋海军正式成军。

1889 年，清定长方形黄色龙旗为国旗（原为三角形）。

王懿荣奏请续修《四库全书》。

第一家官办的上海机器织布局建成投产。德国在上海设立德华银行。

- 1889 年，李慈铭成《越缦堂日记》。

中国人自办的天津总医院建成。

俞樾将石玉昆《三侠五义》删订后更名为《七侠五义》刊行。

李大钊（1889—1927）出生。

- 1890 年，中英《藏印条约》签订。

张之洞创办湖北枪炮厂、汉阳铁厂。

日本人在上海成立间谍机构"中日贸易研究所"。

俞樾成《右仙馆笔记》。

- 1891 年，创设江南水师学堂。

我国最早的私营机器造纸企业伦章造纸局于上海成立。

- 1891 年，康有为于广州长兴里开设万木草堂，宣传变法，刊行《新学伪经考》。

郭嵩焘（1818—1891）卒。湘军创建者之一，中国首位驻外使节。有《养知书屋遗集》《史记札记》《礼记质疑》《中庸质疑》《使西纪程》《郭嵩焘日记》等。

小说《彭公案》刊行。

胡适（1891—1962）生。

1892 年，张之洞创办湖北织布局。

华侨张弼士在山东烟台创办张裕葡萄酒公司。●

1892 年，韩邦庆在上海创办《海上奇书》杂志，并连载其《海上花列传》。

陈廷焯（1853—1892）卒。"常州词派"后学。著有《白雨斋词话》《白雨斋词钞》《白雨斋诗钞》等，编有《云韶集》。●

● 1893 年,《新闻报》创刊于上海。郑观应《盛世危言》出版。

孙诒让成《墨子间诂》《札迻》。

毛泽东（1893—1976）出生。

1894 年,"甲午中日战争"爆发,黄遵宪作《悲平壤》《哀旅顺》诸诗。

孙中山在美国檀香山创立兴中会。●

1894 年, 张 裕 钊（1823—1894）卒。与黎庶昌、吴汝纶、薛福成并称为"曾门四弟子"。被康有为誉为"千年以来无与比"的清代书法家。有《濂亭全集》。

薛福成（1838—1894）卒。洋务运动的主要领导者之一,"曾门四弟子"之一。有《庸庵全集》《庸庵笔记》,今人辑有《薛福成选集》。●

● 1895 年, 北洋水师全军覆没,日本强迫清政府签订《马关条约》,"甲午中日战争"结束。黄遵宪作《哭威海》《马关纪事》诸诗。

康有为、梁启超在京发动"公车上书"。

台湾人民掀起反抗日本占领的武装斗争。

康有为组织京师强学会,发行《中外纪闻》（初名"《万国公报》"）。

严复在《直报》发表《论世变之亟》《原强》《辟韩》《救亡决论》。

● 1895 年, 李鸿章于天津创办北洋大学堂,为中国近代史上的第一所大学。

孙中山改组兴中会,以青天白日旗为革命旗帜。

孙中山在广州发动武装起义,失败。

陆润庠（1841—1915）创办苏纶纱厂。

张謇（1853—1926）在江苏南通创办大生纱厂。

英国人在上海开设英商怡和纱厂。

文廷式刊行《云起轩词钞》。

谭献编刊《粤东三家词钞》。

● 1896 年,《中俄密约》签订,清允许沙俄修筑中东铁路。清廷改京师总税务司署中送信官局为总邮政司署,置督办一人,由总税务司兼任。

清政府设立铁路总公司,盛宣怀督办。

● 1896 年, 盛宣怀于上海创建南洋公学,与北洋大学堂同为中国近代历史上中国人自己最早创办的大学。

《苏报》创办于上海。

梁启超、黄遵宪等在上海创办《时务报》,刊载《变法通议》等文。

谭嗣同撰《仁学》。

孙中山成《伦敦蒙难记》。

李宝嘉编撰《指南报》于上海。

电影正式传入中国。

1897	1898	1899

● 1897年，德国强占胶州湾及青岛。

● 1897年，夏瑞芳（1871—1914）在上海创办商务印书馆。

康广仁于澳门创办《知新报》。

《湘学报》创刊。

严复（1854—1921）在天津创办《国闻报》，发表严复、夏曾佑合撰《本馆附印说部缘起》。

谭嗣同等在长沙创办时务学堂。

中国人自办的第一家商业银行——中国通商银行在上海成立。

求是书院（浙江大学前身）于杭州创立。

王韬（1828—1897）卒。清末杰出的思想家，政论家。主编《循环日报》，著有《弢园文录外编》《弢园尺牍》《扶桑游记》等。

黎庶昌（1837—1897）卒。晚清著名的外交家和散文家，"曾门四弟子"之一。著有《拙尊园丛稿》《西洋杂志》《宋本〈广韵〉校札》《春秋左传杜注校刊记》《丁亥入都纪程》《海行录》，辑有《续古文辞类纂》《古逸丛书》等。

● 1898年，6月，"百日维新"开始。英军占领威海卫。

沙俄强租旅顺。英国强租九龙半岛。

● 1898年，京师大学堂创办于北京。

谭嗣同、唐才常等在湖南创办南学会。

康有为在北京创办保国会。

张之洞发表《劝学篇》。

裘廷梁在《无锡白话报》上发表《论白话为维新之本》。

马建忠成《马氏文通》。

严复译《天演论》刊行。

《昌言报》《中外日报》《汇报》在上海创刊。

梁启超于日本横滨创办《清议报》，宣传改良。

谭嗣同（1865—1898）卒。与杨锐、刘光第、林旭、杨深秀和康广仁并称"戊戌六君子"。有《仁学》《狱中题壁》《远遗堂集外文初编》等。

● 1899年，中英签订《四川矿务合同》，英国取得四川开矿权。

德国山东铁路公司成立。

美国提出对华实行"门户开放"政策。

山东义和拳首领打出"扶清灭洋"旗号，不久改名为"义和团"。

● 1899年，康有为于加拿大成立保皇会，宣传君主立宪。

梁启超在《夏威夷游记》中正式提出"诗界革命""文界革命"的口号。

王懿荣发现商代甲骨文，被称为"甲骨文之父"。

林纾与王寿昌合译法国小仲马《茶花女》为《巴黎茶花女遗事》刊行。

1897	1898	1899

1900	1901	1902

● 1900 年，义和团进入北京、天津，史称"庚子事变"。

6 月，英、法、德、美、日、俄等八国联合发动侵略中国的战争。

沙俄制造"海兰泡惨案""江东六十四屯惨案"，攻陷瑷珲。

● 1900 年，道士王圆箓发现敦煌莫高窟藏经洞。

王鹏运与朱孝臧等唱和，成《庚子秋词》。

张荫桓（1837—1900）被杀，有《三洲日记》等。

陈宝箴（1831—1900）卒。晚清维新派，时与许仙屏号为"江西二雄"。陈宝箴、陈三立、陈衡恪、陈寅恪、陈封怀四代出五位杰出人物，后人称之"陈氏五杰"。开办时务学堂，设矿务、轮船、电报及制造公司，刊《湘学报》，创立南学会。

王懿荣（1845—1900）卒。"清末书法四家"之一，发现和收藏甲骨文第一人。八国联军进北京，慈禧西逃，王懿荣遂偕夫人与儿媳投井殉节。撰有《汉石存目》《古泉选》《南北朝存石目》《福山金石志》等。

● 1901 年，《辛丑条约》签订，清朝赔款本息白银 9.8 亿两，划定东交民巷为使馆区。

清政府明令科举废八股文，改试策论，并将全国书院改为学堂。

● 1901 年，日本人于北京创办东文学社，翻译西书，招收学生。

《国民报》在日本创刊。

总理各国事务衙门改为外务部。

李宝嘉在上海创办《世界繁华报》，并在该报连载其《庚子国变弹词》。

谭献（1832—1901）卒。近代词人、学者。有《复堂类集》等。

● 1902 年，德国人在青岛开办山东路矿公司。

● 1902 年，明德学堂创设于长沙。保定学堂开学。

天主教徒英华于天津创办《大公报》。

京师大学堂仕学馆、师范馆开学（即西北大学、北京师范大学、西北师范大学的前身）。

张謇创办通州师范学堂。

梁启超在日本横滨创办《新民丛报》，发表《少年中国说》等文，连载其《饮冰室诗话》，将"诗界革命"推向高潮。

梁启超创办《新小说》。

陈撷芬在上海创办《女学报》。

黄遵宪写定《人境庐诗草》。

吴大澂（1835—1902）卒。金石学家、书画家，精于篆书。著有《愙斋诗文集》《说文古籀补》《字说》《愙斋集古录》《古玉图考》《权衡度量试验考》《恒轩所见所藏吉金录》《吉林勘界记》《皇华纪程》等。

1900	1901	1902

1903	1904	1905

● 1903 年，英国发动第二次侵藏战争，占领亚东、春丕及帕里地区，最后攻占拉萨。

留日学生成立拒俄义勇队。

● 1903 年，林白水在上海创刊《中国白话报》。

张之洞于江宁奏办三江师范学堂（1906 年改"两江师范"，为"中央大学"现南京大学的前身）。

留日浙江学生创办《浙江潮》。

留日湖北学生发刊《湖北学生界》。

留日江苏学生发刊《江苏》。

天津中西学堂改为"北洋学堂"。

《苏报》案"。

上海爱国学社成立。

李宝嘉《官场现形记》开始于《世界繁华报》上连载。

吴沃尧《二十年目睹之怪现状》开始连载于《新小说》。

刘鹗《老残游记》在《绣像小说》上开始连载。

邹容《革命军》在上海出版，章太炎在《苏报》发表《序革命军》与《驳康有为论革命书》。

吴汝纶（1840—1903）卒。晚清文学家、教育家，"曾门四弟子"之一，与马其昶同为"桐城派"后期主要代表作家。有《桐城吴先生全书》，今人辑有《吴汝纶全集》。

● 1904 年，清政府颁布《奏定学堂章程》，即"癸卯学制"。

胶济铁路完工。

日、俄"辽阳大战"开始。

● 1904 年，黄兴、宋教仁在长沙组建华兴会，陶成章、蔡元培在上海成立光复会。

《东方杂志》月刊在上海创刊。

清在"万国红十字会原约"签字，中国红十字会在上海创立。

山西大学堂成立。

无线电报开始使用。

刘静庵等于武昌创办科学补习所。

王国维撰《红楼梦评论》。

陈去病、柳亚子主编《二十世纪大舞台》月刊。

曾朴创建小说林社，并接受金松岑所撰《孽海花》。

秋瑾创办《白话报》，提倡男女平等。

王鹏运（1849—1904）卒。晚清词人，与朱祖谋、况周颐、郑文焯合称"清末四大家"。汇刻《花间集》及宋、元诸家词为《四印斋所刻词》，有《半塘词稿》等。

文廷式（1856—1904）卒。近代词人、学者、维新派思想家。有《云起轩词钞》《文道希先生遗诗》《纯常子枝语》等，今人辑有《文芸阁先生全集》。

邓小平（1904—1997）出生。

● 1905 年，清朝正式废除科举取士制度。

出洋考察宪政五大臣启程。

中国第一个国家银行——大清户部银行建立。

清政府成立学部，国子监并入。

京张铁路开工。

孙中山在日本东京成立中国同盟会，创办《民报》。在发刊词中，首次提出民族、民权、民生"三民主义"。

● 1905 年，张謇创立中国第一家公共博物馆——通州博物苑。

徐锡麟创办绍兴大通学堂开学。

芦汉铁路落成典礼。

南洋兄弟烟草股份有限公司成立。

《南方报》在上海创立，并开始连载吴沃尧的新小说《新石头记》。

黄遵宪（1848—1905）卒。诗人、外交家、政治家、教育家，被称为"诗界革新导师"，被誉为"近代中国走向世界第一人"。有《日本国志》《日本杂事诗》等。

1903	1904	1905

中华文化年表

1906

● 1906 年，清加入"万国邮政联合会"。

清廷宣布"预备仿行立宪"，颁布《钦定宪法大纲》。

中英签订《续订藏印条约》，英国承认中国对西藏的领土主权。

日本"南满铁道会社"在东京成立。

京汉铁路正式通车。

天津北洋女子师范学堂开学。

北洋讲武堂（天津）创办，与奉天讲武堂、云南讲武堂合称"中国三大讲武堂"。

赵尔巽创立奉天讲武堂，亦称"东北陆军讲武堂"。

● 1906 年，李叔同等在日本东京发起成立早期话剧演出团体"春柳社"。

秋瑾创办中国公学。

彭俞作滑稽体讽刺小说《泡影录》。

张春帆作小说《九尾龟》。

李宝嘉（1867—1906）卒。有《官场现形记》《文明小史》《庚子国变弹词》等。

1907

● 1907 年，正太铁路通车。

孙中山发动"镇南关起义"。

保定武备学堂成立（初名"陆军速成学校"）。

张之洞于湖北设立"模范监狱"。

● 1907 年，梁启超等于北京组织立宪团体政闻社。

革命党于新加坡出版《中兴日报》。

《小说林》月刊在上海创办。

秋瑾创办《中国女报》。

"春柳社"在东京上演意大利名剧《茶花女》，中国话剧诞生。

鲁迅发表《人之历史》。

秋瑾（1875—1907）卒。中国女权和女学思想的倡导者，近代民主革命志士。有《秋瑾诗词》《秋女士遗稿》，后人辑有《秋瑾集》。

俞樾（1821—1907）卒。著有《群经平议》《诸子平议》《茶香室经说》《古书疑义举例》等。

1908

● 1908 年，光绪帝和慈禧太后先后去世。

黄兴组织"钦州起义"。

沪宁铁路通车。

津浦铁路开工。

台湾全岛铁路完工。

四川矿务总局成立。

● 1908 年，张伯苓在《雅典的奥运会》演讲中第一次提出中国要参加奥运会。

鲁迅发表《摩罗诗力说》。

王国维编成《曲目》。

梁令娴刊印《艺蘅馆词选》。

1909

● 1909 年，清收回京汉铁路管理权。修筑江阴要塞。命各省成立谘议局，中央开办资政院。京师图书馆在北京筹建。京张铁路全线完工

云南武备学堂成立。

于清华园设游美肄业馆，建成后改为清华学校（清华大学前身）。

● 1909 年，冯如（1884—1912）驾驶自己研制的莱特式飞机试飞成功。1912 年，在广州因飞机失事去世。

周树人（鲁迅）、周作人在东京出版所译《域外小说集》。

柳亚子、陈去病、高旭等在苏州创"南社"。

刘鹗（1857—1909）卒。清末小说家，喜欢收集书画碑帖、金石甲骨。其《铁云藏龟》一书，最早将甲骨卜辞公之于世，"甲骨四堂"中的二堂（罗振玉号"雪堂"、王国维号"观堂"），都直接或间接地受到刘鹗的影响。有《老残游记》《铁云诗存》等。

张之洞（1837—1909）卒。"洋务派"代表人物，时人称"香帅"，"晚清中兴四大名臣"之一。创办自强学堂（今武汉大学前身）、三江师范学堂（今南京大学前身）、湖北农务学堂、湖北武昌蒙养院、湖北工艺学堂、慈恩学堂（南皮县第一中学）、广雅书院等。有《劝学篇》《张文襄公全集》。

孙家鼐（1827—1909）卒。1898 年，受命为京师大学堂（今北京大学）督办，首任管理学务大臣。有《太傅孙文正公手书遗折稿》。

清朝进行第一次全国人口普查，估计全国有人口 3.68 亿。

1910

● 1910 年，清政府颁布首部著作权法《大清著作权律》。

● 1910 年，《国风报》旬刊在上海出版。

首届官商合办的商品博览会——南洋劝业会在南京举办。

中国报界俱进会在南京成立。

第一届全国学界运动会在南京举行，后由国民政府追认为第一届全国运动会。

章太炎在日本出版《国故论衡》。

《小说月报》在上海创刊。

沈粹芬、黄人等编成《清文汇》。

吴沃尧（1866—1910）卒。被誉为近代"谴责小说"的巨子。有《痛史》《俏皮话》《两晋演义》《恨海》《新石头记》《九命奇冤》《二十年目睹之怪现状》等。

1911

● 1911 年，东三省鼠疫流行，首次在中国召开的国际学术会议——万国联疫会议，伍连德被推举为大会会长。

"广州起义"，"黄花岗七十二烈士"。

● 1911 年，蒋翊武于武昌成立文学社，出版《大江报》。

清华大学成立。

全国教育联合会在上海开幕。

华俄道胜银行与大北银行合并，改名"俄亚银行"。

社会主义同志会改组为"中国社会党"。

汪康年（1860—1911）卒。近代资产阶级改良派报刊出版家，入强学会，办《时务报》《昌言报》，又先后办《中外日报》《京报》《刍言报》。

● 1911 年，盛宣怀任邮传部尚书。设立责任内阁，时称"皇族内阁"。川汉铁路收归国有，四川"保路同志会"成立，保路运动兴起。

广九铁路通车。

武昌起义，辛亥革命爆发。清廷启用袁世凯为湖广总督。杨度、汪兆铭承袁世凯意，在北京成立"国事共济会"。11 月，袁世凯被任命为内阁总理大臣，成立责任内阁。12 月，孙中山当选为中华民国临时大总统。

以哲布尊丹巴为首的外蒙古上层，在沙俄策动下宣布建立"大蒙古国政府"，驱逐清朝政府驻库伦办事大臣，私自与沙俄签订非法的《俄蒙协约》（即"《库伦条约》"）。

1912	1913	1914

● 1912 年，中华民国成立，孙中山在南京宣誓就任临时大总统。颁布《中华民国临时约法》。

袁世凯在北京就任中华民国临时大总统。清宣统皇帝宣布退位，清朝灭亡。

● 1912 年，京师大学堂改名为北京大学校，旋即冠"国立"，是中国历史上第一所冠名"国立"的大学。

中华书局在上海创办。

苏曼殊主笔《太平洋报》，发表《断鸿零雁记》。

陆镜若、欧阳予倩于上海成立"新剧同志会"，后易名为"春柳剧场"。

陈衍始作《石遗室诗话》，评述并鼓吹同光体。

丘逢甲（1864—1912）卒。晚清爱国诗人、教育家、抗日保台志士。有《柏庄诗草》《岭云海日楼诗钞》等，今人辑有《丘逢甲集》。

● 1913 年，孙中山发动"二次革命"。

● 1913 年，鲁迅在《小说月报》发表其第一篇文言短篇小说《怀旧》。

"鸳鸯蝴蝶派"在上海创办《自由杂志》。

中国第一部电影故事片《难夫难妻》在上海上映。

黄人（1866—1913）卒。近代作家、批评家，曾主编《小说林》，辑录《清文汇》。著有《石陶梨烟室诗存》《摩西词》。其编著的《中国文学史》，是中国最早的文学史著作。

● 1914 年，2 月，袁世凯下令解散各省议会。

3 月，中华民国加入"万国邮政联盟"。

5 月，袁世凯公布《中华民国约法》，废止《临时约法》，扩大总统权限，改责任内阁制为总统制。

7 月，中华革命党在日本宣告成立，孙中山被选为总理。

● 1914 年，6 月，中国留美学生在美发起组织"中国科学社"，次年 1 月在上海创办《科学杂志》。

《中华小说界》《民权报》《小说丛报》《礼拜六》创刊。

吴双热《孽冤镜》出版。

李涵秋《广陵潮》初集出版。

徐枕亚发表《玉梨魂》。

李定夷《贾玉怨》刊行。

苏曼殊发表小说《天涯红泪记》。

章士钊在日本东京创办《甲寅》杂志。

1912	1913	1914

1915

● 1915年，1月，日本提出灭亡中国的"二十一条"。

3月，上海发起抵制日货运动。

4月，上海掀起波及全国的储金救国运动。

5月，袁世凯接受丧权辱国的不平等条约——"二十一条"。

6月，中、俄、蒙签订《恰克图协约》。外蒙古承认中国宗主权，为中国领土的一部分。中国、俄国承认外蒙古自治。中国不得在外蒙古派驻官员、军队，不得移民。

7月，"袁大头"成为唯一法定国币。

12月，袁世凯称帝，云南宣告独立，"护国战争"爆发。

● 1915年，中国戏曲研究院在北京成立。

10月，孙中山与宋庆龄结婚。

袁世凯复辟帝制，梁启超在《大中华》杂志上发表《异哉所谓国体问题者》一文。

徐枕亚发表《雪鸿泪史》。

陈独秀主编的《青年杂志》在上海创刊，第二卷起更名为《新青年》。

梁启超在《中华小说界》发表《告小说家》一文。

杨守敬（1839—1915）卒。清末民初杰出的历史地理学家、金石文字学家、目录版本学家、书法艺术家、泉币学家、藏书家。著有《水经注疏》《日本访书志》《湖北金石志》等。

1916

● 1916年,3月，北京政府公布《传染病预防条例》。

袁世凯被迫取消帝制。

5月，孙中山发表《第二次讨袁宣言》。

6月，袁世凯于忧惧中病死。

12月，黎元洪任命蔡元培为北京大学校长。

● 1916年，陈独秀在《新青年》上发表文章，抨击尊孔运动。

上海申新纺织公司创办。

丁福保刊印《清诗话》。

王闿运（1833—1916）卒。清经学家、文学家，辛亥革命后任清史馆馆长。有《湘绮楼诗集》《湘绮楼文集》《湘绮楼日记》《周易说》《尚书笺》《尚书大传补注》《诗经补笺》《礼经笺》《周官笺》《礼记笺》《春秋例表》《春秋公羊传笺》《论语训》《尔雅集解》等，编有《八代诗选》《八代文粹》，门人辑其著作为《湘绮楼全书》。

1917

● 1917年，中国对德宣战。

张勋复辟。

护法运动开始。

● 1917年，胡适在《新青年》发表《文学改良刍议》，提倡白话文。陈独秀在《新青年》发表《文学革命论》，明确提出"文学革命"口号。二人联手，倡导新文学运动。

胡适在《新青年》第一次正式公开发表白话诗。

刘半农在《新青年》发表《我之文学改良观》。

中华职业教育社在上海成立。

中国第一家自建百货大楼先施公司在上海正式开张。

王先谦（1842—1917）卒。清末史学家、经学家、训诂学家。曾校刻《皇清经解续编》，编有《十朝东华录》《后汉书集解》《荀子集解》《庄子集解》《诗三家义集疏》《续古文辞类纂》等，著有《虚受堂文集》等。

● 1918 年，《新青年》发表《文学革命之反响》。

鲁迅在《新青年》上发表《狂人日记》。

《新青年》出版"戏剧改良专号"。

胡适在《新青年》发表《建设的文学革命论》。

李大钊发表《庶民的胜利》《布尔什维克主义的胜利》，并于北京大学组织马克思主义研究会。

毛泽东、蔡和森等人在长沙创办新民学会。

中国第一家证券交易所开业。

12 月，李大钊、陈独秀在北京创办《每周评论》，宣传马克思主义。

路宝生编《中国黑幕大观》及《续集》出版。

郑文焯（1856—1918）卒。工诗词，通音律，擅书画，懂医道，长于金石古器之鉴，"清末四大家"之一。有《大鹤山房全集》。

苏曼殊（1884—1918）卒。近代作家、诗人、翻译家，南社成员之一。有《断鸿零雁记》《碎簪记》，柳亚子将其著作编为《苏曼殊全集》。

汪笑侬（1858—1918）卒。京剧作家、表演艺术家，汪派创始人。有《汪笑侬戏曲集》等。

● 1919 年，1 月 1 日，傅斯年、罗家伦主编《新潮》月刊创办。

1 月 18 日，中国派陆徵祥、顾维钧、王正廷、施肇基、魏宸组等五人为参加巴黎和会全权代表。最后，协约国各国与德国在法国凡尔赛宫签署《凡尔赛和约》，中国代表顾维钧拒绝签字。

3 月，胡适在《新青年》上发表独幕剧本《终身大事》。林纾在《新申报》《公言报》发表文章，反对白话文运动。

4 月，鲁迅于《新青年》发表小说《孔乙己》。

5 月 4 日，"五四运动"爆发。

5 月，《新青年》第六卷第五号，即"马克思研究专号"，刊载李大钊的《我的马克思主义观》，完整介绍马克思主义。

6 月，全国学生联合会于上海成立。

7 月，毛泽东在长沙创办《湘江评论》。

8 月，《新生活》周刊在北京创刊。孙中山领导创办的《建设》杂志在上海创刊。

9 月，周恩来在天津创办觉悟社，并创办《觉悟》杂志。爱国教育家严修、张伯苓创办私立南开大学。

10 月，孙中山改组中华革命党为中国国民党。

11 月，日本帝国主义相继挑起"台江事件"和"福州事件"。外蒙古取消自治，回归中华民国。

12 月，湖南发起驱逐督军张敬尧运动。

附录：索引

（依首字音序）

中华文化年表

中华文化年表

中华文化年表

W